CHRISTINE HAAS

Sagittaire 2023

Du 22 novembre au 21 décembre

Table

I: Votre Année 2023

II: Votre signe astrologique

PARTIE I

Votre année 2023

Votre décan en 2023

Lisez les 3 décans de votre signe, il est très fréquent qu'une ou deux autres planètes de votre thème occupent ceux qui ne sont pas les vôtres et que cela vous donne des renseignements supplémentaires.
Pour connaître votre décan : <u>twelv.love</u>

1er décan

22 NOVEMBRE AU 2 DÉCEMBRE

> EN RÉSUMÉ

Cette année sera marquée par la présence de Saturne dans votre secteur 4 de la famille et de la maison (à partir de mars). Quelque chose du passé, semble se répéter, peut-être pas à l'identique. Cela date, selon votre âge, d'il y a 7, 14, 21 ou 28 ans et je vous conseille de regarder en particulier ce qu'il s'est passé lors de son transit chez vous, en 2015, 2016. La situation qui s'était alors présentée nécessite peut-être que vous preniez une décision cette année, ou que vous acceptiez de renoncer à un des éléments de cette situation passée. Vous pourriez également être plus facilement fatigué ou manquer, par moments, de confiance en vous. Cependant, la planète reculera à partir du 18 juin.

> VOTRE TRAVAIL

Vous démarrez l'année un peu en fanfare : tout janvier et jusqu'au 20 février, vous aurez le terrain dégagé pour concrétiser ce que vous avez entrepris en 2022. Mais vous avez déjà bien « travaillé » entre mai et juillet, Jupiter ayant formé un bon aspect avec vous à cette époque. Ce début d'année peut donc être un rappel de votre « gloire » de 2022, avec cependant un rapport de force au programme. Certains « accoucheront » d'un enfant ou d'un projet qui leur tient à cœur. Et si vous avez eu beaucoup de facilités l'année dernière, ce sera moins évident en janvier. Avec les influx de Saturne qui arriveront rapidement, la pente sera plus difficile à monter et il y aura plus d'efforts à faire (né en fin de décan surtout, les 29 et 30 mars).

> VOS AMOURS

Pluton fera une petite incursion dans votre secteur d'amitié du 23 mars au 11 juin. Cela peut, éventuellement, vous permettre de changer, de faire évoluer votre schéma relationnel à travers une relation amicale qui pourrait avoir un aspect très exclusif, mais très constructif aussi. Cependant, cela dépend de votre âge et de vos expériences passées. Si une nouvelle relation peut balayer le passé, il est possible aussi que vous entriez dans une sorte de « réseau » où vous ferez des rencontres sans que vous vous investissiez amoureusement. Sinon, Vénus passant par l'ami Lion du 5 au 16 juin, vous pourriez faire un beau voyage en amoureux, ou vivre une belle mais brève aventure lors d'un voyage, ou avec quelqu'un d'origine étrangère.

> DIFFICULTÉS

Il n'y a pas de doutes, le problème cette année ce sera Saturne, dont vous n'avez pas eu d'aspect négatif depuis 2015, 2016. En dehors des questions familiales dont nous avons parlé plus haut, il se peut aussi que vous ayez un problème avec un bien immobilier, surtout si vous êtes en train de faire construire ou de remettre en état. Dans ce cas, vous pouvez être sûr que les choses vont traîner et que vous aurez une espèce de boulet aux pieds. D'autant plus que le temps passant, cela risque de vous coûter de plus en plus cher et c'est aussi dans ce domaine matériel que le problème peut se poser. Par ailleurs, vous noterez peut-être (selon votre âge) que des douleurs apparaissent, des problèmes circulatoires la plupart du temps. Et il vous est conseillé de surveiller votre tension.

2ᵉ décan

2 AU 12 DÉCEMBRE

> EN RÉSUMÉ

Vous ne serez pas du tout ans le même climat que le 1er décan ! Le temps fort de l'année, pour vous, sera le transit de Jupiter en Bélier du 20 février au 4 avril. Ce sera probablement le début de quelque chose, d'un nouveau boulot ou d'une création. Certaines d'entre vous pourraient tomber enceintes, ou même accoucher, voire adopter un enfant. Mais il peut aussi s'agir d'un « enfant » issu de votre imagination, donc d'une création que vous allez dévoiler. Il y aura juste quelque chose de déplaisant en février avec une dissonance de Mars ; cela peut correspondre à une grippe, à un virus de saison que vous avez attrapé, ou encore à un conflit avec un partenaire.

> VOTRE TRAVAIL

Les effets de Jupiter se prolongeront certainement au-delà du 4 avril car par la suite, du 5 juillet au 7 novembre, vous disposerez d'un Jupiter en Taureau, dans votre secteur du travail. C'est votre planète, rappelons-le, aussi joue-t-elle un rôle dans votre développement personnel et professionnel. Il s'agira probablement, en Taureau, d'une amélioration dans le travail, vous aimerez davantage ce que vous faites et aurez certainement une sorte de guide ou de modèle pour vous motiver. Dans un tout autre domaine, cette présence de Jupiter en Taureau peut être en lien avec votre forme/santé, qui pourrait donc s'améliorer, surtout si cette planète joue un rôle positif dans votre thème natal.

> VOS AMOURS

Vénus fait une très chaleureuse boucle en Lion cette année, un secteur qui parle de loisirs, de plaisirs, et de voyages à deux ou en groupe. Du 16 au 23 juin, la planète d'amour effectuera son premier passage en Lion, en bon aspect avec Mercure, puis un deuxième du 15 août au 25 septembre où elle sera un peu trop dynamisée par votre planète, Jupiter ! Dans un premier temps il pourrait y avoir les débuts d'une aventure marquée du sceau d'une forte complicité, une relation qui peut démarrer au cours d'un voyage, voire d'une fête (un mariage par exemple) ou alors avec quelqu'un d'étranger. Puis, vous retrouverez Vénus à partir du 15 août et là, sa dissonance avec Jupiter vous incitera à ne pas suivre le chemin de la raison mais plutôt celui de la transgression.

> DIFFICULTÉS

Jusqu'à la fin du mois de mai, et si vous êtes né après le 7 décembre, Uranus continue à évoluer dans votre secteur 6, celui du quotidien et de ce que vous en faites : votre travail, vos occupations si vous êtes en retraite, ou encore le soin que vous portez à votre forme et à votre santé. Avec Uranus, il y a toujours à la fois des contraintes à supporter (un traitement par exemple) ou l'obligation de vous adapter à de nouveaux outils de travail, mais il y a aussi la possibilité de vous libérer de ces contraintes en empruntant un chemin de traverse, ou en tentant de reprendre votre liberté, chacun à votre manière. En fait, c'est tout un processus qui est en cours depuis l'année dernière et qui déstabilise votre organisation (né avant le 9 décembre).

3ᵉ décan

12 AU 21 DÉCEMBRE

> EN RÉSUMÉ

Certes, Neptune et ses embrouilles sont toujours dans le tableau, mais ça ne sera pas l'essentiel de votre année, d'autant plus que Jupiter, votre maître sera en bon aspect avec vous, alors qu'en 2021 la planète était conjointe à Neptune et lui donnait trop d'importance (coups bas, trahisons, évènements incontrôlables). Du 4 avril au 16 mai (mais vous en sentirez les bienfaits avant) Jupiter en Bélier occupera le secteur qui gère votre ego, celui qui vous permet de réussir et d'être fier de vous. Vous serez certainement à l'initiative de quelque chose qui va marcher, d'une création, ou alors il est aussi possible qu'un enfant arrive, que vous prépariez sa venue : un heureux événement donc. Quant à Neptune, elle continue à vous empêcher de prendre des décisions tranchées ou à vous faire supporter un membre de la famille un peu spécial.

> VOTRE TRAVAIL, VOS RELATIONS

Dans votre secteur du travail et du quotidien cette année, vous retrouvez Uranus. Elle y fait son entrée fin mai, mais avant cette date vous aurez eu un aspect harmonieux de Jupiter : certains pourront connaître une belle progression et obtenir une reconnaissance, voire des « honneurs ». Vous avez peut-être été propulsé à la tête de quelque chose, d'un service par exemple, vos mérites ayant été reconnus. À partir de fin mai, avec Uranus il faudra tout changer, tout réorganiser et peut-être tout moderniser. Un travail auquel certains s'attelleront avec plaisir car il correspondra à votre état d'esprit, très ouvert au changement. Et de plus, c'est ce qu'on vous demandera !

> VOS AMOURS

De fin juin à mi-août, puis de nouveau fin septembre et début octobre, vous aurez de bons influx de Vénus, qui fera des allers et retours chez votre ami Lion, un des signes avec lequel vous vous entendez le mieux. C'est votre secteur 9, celui des voyages et du lointain, mais aussi celui qui vous met en contact avec ceux qui sont différents de vous. Vous pourriez donc avoir une histoire avec quelqu'un d'origine étrangère, ou que vous rencontrerez lors d'un séjour à l'étranger. Toutefois, si vous êtes en couple, ces périodes seront des plus favorables à l'épanouissement de vos sentiments dans un climat de confiance et de bien-être. Vous pourriez être troublé début août par un changement de dernière minute, mais rien d'important.

> DIFFICULTÉS

C'est encore Neptune, probablement, qui vous créera des difficultés. Mais la planète ne recevra pas d'aspect aussi fort que celui de Jupiter en mars/avril 2021. Ce sont les influx de Mars qui seront à prendre en compte, en particulier au mois de mars où la planète sera justement en dissonance avec Neptune et face à vous en Gémeaux. À n'en pas douter, quelqu'un s'en prendra à vous et essayera de vous déstabiliser, de vous prendre votre place ou en tout cas de vous mettre en difficulté. Mais vous ne manquerez pas de répondant puisque Jupiter arrivera en Bélier en avril et que cela vous donnera la niaque. Et vous aurez une force particulière pour vous défendre et ne pas vous laisser avoir par la manipulation. Essayez de ne pas avoir de scrupules si vous vous sentez attaqué.

Votre ascendant en 2023

Selon votre ascendant, les planètes qui vont compter en 2023

Pour savoir quel est le décan de votre ascendant : twelv.love Et consultez les 3 décans, une de vos planètes peut se trouver dans un autre décan que le vôtre.

BÉLIER

> 1ᵉʳ DÉCAN

De janvier au 20 février, **Jupiter** revient dans votre décan, comme en 2022. Je vous rappelle qu'elle était entrée chez vous en mai, accompagnée par **Mars**, ce qui a pu créer une grosse colère ou vous obliger à vous investir à fond dans un travail, voire dans la défense de vos droits. Il va donc en être encore question en début d'année mais cette fois **Mars** est en bon aspect avec vous (rétrograde, donc moins active jusqu'au 13 janvier) mais vous allez certainement avoir une opportunité à saisir, ou à développer si elle s'est déjà présentée. Le succès pourrait être au rendez-vous également grâce à **Pluton** qui entre en Verseau le 23 mars, un must qui vous donnera envie de vivre intensément et d'être plus créatif que jamais. Vous serez animé d'une pulsion vitale étonnante.

> 2ᵉ DÉCAN

Jupiter n'avait pas atteint votre décan en 2022, ce sera fait cette année à partir du 20 février et jusqu'au 4 avril. Fin février et début mars, la planète de chance et d'expansion sera conjointe à **Vénus** et il ne serait pas étonnant que l'amour vous tombe dessus et que vous vous emballiez pour quelqu'un. Ce sera fort, intense, mais est-ce que cela va durer ? Ce n'est pas sûr car **Jupiter** est très rapide. Maintenant, cela dépend d'autres éléments de votre thème natal que je ne possède pas. Et si ce n'est pas l'amour qui vous tombe dessus, ce sera de l'argent que vous aurez peut-être gagné par votre travail, mais il se peut aussi que vous ayez de la chance au jeu, surtout fin février, début mars.

> 3ᵉ DÉCAN

Vous aurez vous aussi droit à la présence de **Jupiter** dans votre décan du 4 avril au 16 mai, date à laquelle elle quittera définitivement votre signe pour le Taureau. Sans votre thème, on ne peut que faire des suppositions : période de chance et de développement, voire d'enrichissement pour les uns, ou période de tracasseries administratives voire judiciaires pour les autres, qui seront obligés de faire respecter leurs droits. **Pluton** étant partie en Verseau, **Jupiter** ne formera aucun aspect et pourra donc vous donner le maximum, dans le positif comme dans le moins positif. Toutefois, si vous avez quelque chose à entreprendre, c'est le bon moment pour vous lancer, la période placera des chances sur votre route, même si vous avez quelques soucis avec l'administration par ailleurs.

TAUREAU

> 1ᵉʳ DÉCAN

Le plus important cette année, c'est que **Jupiter** (planète réputée chanceuse) fait son retour dans votre ascendant le 16 mai. Son dernier passage date de 2011, si vous vous souvenez de ce qu'il s'est passé, vous aurez un indicateur de ce qui peut donc advenir à partir du mois de mai, et même un peu avant. A priori, c'est une conjoncture très profitable et qui peut vous voir très à l'aise financièrement, ou d'une manière générale dans votre vie. Mais il n'y a pas que ça ! **Saturne**, elle, entame un bon aspect avec vous à partir du mois de mars, elle entrera alors en Poissons, le signe qui gère vos projets et vos amitiés. Côté projet, vous pourriez vous investir dans quelque chose qui vous prendra du temps, mais qui ne peut que vous conduire à évoluer, tout en conservant des bases solides, des bases essentiellement relationnelles.

> 2ᵉ DÉCAN

Vous n'êtes pas du tout logé à la même enseigne que le 1ᵉʳ décan, vous ne recevrez que **Jupiter**, à partir de fin juin et jusqu'en novembre, mais ce n'est pas rien. Reportez-vous, comme le 1ᵉʳ décan, à 2011, 2012 pour avoir une idée de ce qui peut arriver de positif dans votre vie. D'une manière ou d'une autre, vous prendrez plus de place dans votre job, ou serez plus productif et du coup l'argent rentrera plus facilement, après une période très instable. Mais il peut aussi y avoir un héritage, une donation, un important dédommagement. Pour certains cependant, c'est la face juridique de **Jupiter** qui sera active et vous risquez d'avoir un petit problème avec l'administration, fiscale surtout. À moins qu'une situation injuste ne se présente et que vous ne soyez obligé de vous défendre, ou de vous faire défendre par un avocat.

> 3ᵉ DÉCAN

Jusqu'en mars, **Saturne** occupera encore le zénith de votre zodiaque, et il se peut que vous soyez en manque de boulot, ou d'objectifs à atteindre, ce qui risque d'être un peu déprimant. Mais, étant donné qu'elle quitte ce secteur en mars (le 7 précisément), vous pourrez remonter la pente. Cela prendra le temps que cela prendra, mais dites-vous que vous avez en vous la force et la persévérance nécessaires. **Jupiter** ne viendra pas chez vous cette année mais l'année prochaine, toutefois vous allez recevoir la visite d'**Uranus** à partir du mois de mai. Cela ne se produit que tous les 84 ans, c'est donc (selon votre thème) quelque chose d'important dans un des domaines clé de votre vie : le travail ou la famille. Avec **Uranus** il y a toujours de l'instabilité et parfois une expérience très inédite à vivre. Et qui peut vous chambouler intérieurement, mais qui sera aussi une intéressante leçon de vie.

GÉMEAUX

> 1ᵉʳ DÉCAN

En 2022, **Jupiter** vous avait longuement envoyé de bons influx depuis votre secteur de projets et d'espoirs. C'est une planète dont la mission est d'amplifier ce qui est positif, comme ce qui est négatif ! Vous avez eu du temps pour mettre au point vos idées et **Jupiter** étant revenue en décembre, c'est le moment de vous lancer. Elle occupera ce même décan du Bélier que l'année dernière jusqu'au 20 février et vous ne la reverrez plus. Mais d'ici là, il y a des chances pour que l'un de vos projets ou l'un de vos espoirs se soit réalisé et que vous ayez fait un grand pas en avant. Tout cela étant relatif à la position de **Jupiter** dans votre thème de naissance. Autre nouveauté, l'arrivée de **Saturne** en Poissons le 7 mars, elle occupera le zénith de votre thème et vous invite à persévérer si vous avez un objectif. Plus vous serez déterminé à réussir, moins dispersé, meilleures seront vos chances de grimper les échelons.

> 2ᵉ DÉCAN

En principe, ce décan de votre ascendant ne reçoit pas énormément d'aspects cette année, mais celui que vous enverra **Jupiter** pourrait jouer un rôle important (selon votre thème natal). Elle sera en relation avec vous du 20 février au 4 avril, étant entendu qu'elle peut « agir » avant. Il est possible que vous ayez un projet qui compte beaucoup pour vous et que votre espoir de le réaliser se concrétise pendant la période citée. Mais bien d'autres domaines peuvent être touchés par **Jupiter**, dont celui des relations amicales ou professionnelles. Vous pourriez vous constituer un réseau, dans un domaine ou dans l'autre, sur lequel vous pourrez vous appuyer, les personnes de ce réseau étant favorables à l'entraide, tout comme vous d'ailleurs. Il se peut aussi que vous rencontriez quelqu'un que vous allez admirer, dont vous vous inspirerez et qui sera comme un guide pour vous. Un pygmalion pour les plus jeunes.

> 3ᵉ DÉCAN

La présence de **Neptune** dans votre secteur 10, qui gère votre carrière et les événements importants de votre vie jouera un rôle qui peut aussi bien se révéler positif, que créer une instabilité dans votre vie professionnelle. Si **Neptune** est positive, vous pourriez vous retrouver au sein d'un grand groupe, international peut-être et réussir à grimper les échelons au fil du temps. Vous pourriez aussi admirer une personne avec qui vous travaillez et vous en inspirer, vous en servir comme modèle… Pour certains, **Neptune** indique que vous atteindrez des sommets. Pour d'autres, la planète ne jouera pas du tout le même rôle et peut vous voir changer de job un peu trop souvent parce que vous supporterez mal l'autorité de vos supérieurs et qu'il y aura des embrouilles sur votre lieu de travail. Surtout quand **Mars** passera par chez vous au mois de mars. Attention, vous risquez de vous trouver dans une situation remuante et d'en être responsable.

CANCER

> 1ᵉʳ DÉCAN

En 2022 déjà, **Jupiter** s'était présentée au zénith de votre thème personnel, occupant de mai à octobre le 1ᵉʳ décan du Bélier. Fin mai et début juin n'ont pas été faciles car elle était conjointe à **Mars**, il y a eu de la bagarre, vous avez dû attaquer ou vous défendre. À présent, **Jupiter** va retraverser très rapidement le décan de votre ascendant en janvier et février (jusqu'au 20) et ne reviendra plus. **Mars** n'étant plus là, vous n'aurez plus d'obstacle pour réussir et peut-être même que vous atteindrez brillamment l'un de vos objectifs, non sans avoir « mouillé la chemise » comme on dit. Après le 16 mai et jusqu'au 4 juillet, **Jupiter** braquera le projecteur à la fois sur vos projets, vos espoirs, et sur vos relations amicales. Vous pourriez intégrer un réseau d'entraide, amical ou professionnel, dont vous deviendrez vite un membre actif.

> 2ᵉ DÉCAN

La réussite professionnelle sera votre principal objectif du 20 février au 4 avril. C'est probablement quelque chose qui se prépare depuis l'été dernier : une promotion, une mutation, un poste qui vous donne en tout cas plus de responsabilités et peut demander à certains de diriger, d'avoir de l'autorité même sur une équipe. Quoi qu'il en soit, vous y mettrez toute votre énergie ! Moins chanceux, certains auront un procès à affronter, ou des embrouilles avec l'administration à gérer à cause d'une négligence involontaire (ou non). Du 4 juillet au 7 novembre, vos projets et vos relations amicales prendront de l'importance et si vous avez besoin d'aide pour progresser, vous trouverez ce qu'il vous faut. On (une relation ?) vous soutiendra activement, peut-être même sur le plan financier si besoin est.

> 3ᵉ DÉCAN

Vous aurez vous aussi l'occasion de grimper un échelon, ou de prendre la direction d'une mission, voire d'un service ou d'un groupe, entre le 4 avril et le 16 mai. Ce sera l'événement principal de cette année et **Pluton** ne s'opposant plus à vous après le 23 mars, rien ni personne ne pourra s'opposer à votre progression — sauf vous-même et un comportement qui ne serait pas adapté et qui ferait qu'au dernier moment vous n'obtiendriez pas ce que vous pensiez vous revenir de droit. Il faudra vous méfier de vos réactions instinctives, elles peuvent aller contre vos intérêts. Autre avantage cette année, une volonté chez certains de prendre leur indépendance (un bon aspect d'**Uranus**) et ce que vous avez déjà préparé l'année dernière pour certains vous sera très utile. Vous libérer d'une tutelle ou d'une dépendance sera d'une grande importance pour la suite des événements.

LION

> 1er DÉCAN

Votre année 2023 démarrera sur les chapeaux de roues avec le retour de **Jupiter** en Bélier, en harmonie avec votre ascendant. Vous serez en pleine possession de vos moyens, prêt à tout pour réussir, vous faire remarquer, donner des galons à votre renommée dans votre métier. Vous avez déjà eu beaucoup l'année dernière et comme **Jupiter** sera plus rapide, ce sera très positif mais moins durable (**Jupiter** cessera de vous regarder le 20 février). Ce qui va certainement vous interpeller davantage, c'est l'opposition de **Pluton** qui entre en Verseau le 23 mars, pour le meilleur et pour le pire. Le meilleur étant un statut qui vous donne du pouvoir, de l'argent, le pire étant parfois une suite d'événement vous obligeant à revivre un passé que vous pensiez enfoui sous les décombres de votre enfance. Mais il faut se méfier du refoulé…

> 2e DÉCAN

Vous serez probablement très content du transit de **Jupiter** en Bélier, qui durera du 20 février au 4 avril. **Jupiter** et **Vénus** se rencontrant fin mars et début avril, vous serez doublement content, peut-être parce que vous tomberez amoureux ou éventuellement parce que vous concevrez un enfant ou que vous l'accueillerez. Mais votre créativité, votre sens esthétique peuvent aussi être décuplés par cette jolie conjoncture, également favorable aux voyages de toute nature : réels ou spirituels. En outre, vos idées et opinions seront très écoutées, parfois même vous ferez référence. Par ailleurs, vous serez débarrassé de la déstabilisante **Uranus** à partir de fin mai, cela faisait au moins deux ans qu'elle vous perturbait et vous obligeait à accepter des contraintes dont la plupart des membres de ce décan se sont enfin débarrassés. Vous avez à présent votre seconde chance.

> 3ᵉ DÉCAN

Ce sera à votre tour de recevoir un bon aspect de **Jupiter** du 4 avril au 16 mai, une période très positive, qui pourrait cependant être instable à cause de l'arrivée d'**Uranus** au zénith de votre thème. C'est-à-dire qu'il y aura forcément des changements de dernière minute et qu'ils ne vous arrangeront pas. Vous pensiez avoir obtenu la reconnaissance que vous méritez, ou la mutation à laquelle vous aspirez, et si vous êtes du début du décan, il faudra revoir vos plans. Toutefois, rien ne sera gravé dans le marbre, ce n'est jamais le cas avec **Uranus** qui peut rester inactive pendant des mois et vous donner alors le sentiment que vous stagnez. Par ailleurs, **Vénus** s'arrêtera chez vous en juillet et jusqu'au 15 août, une période où ce sont vos amours qui vous mèneront par le bout du nez (fin septembre et début octobre aussi). Mais il y aura de forts remous pour certains…

VIERGE

> 1ᵉʳ DÉCAN

Souvenez-vous, en mai 2022, **Jupiter** et **Mars** étaient entrées en même temps en Bélier, provoquant en vous un sentiment de révolte contre l'injustice. Après des allers et retours, vous retrouvez **Jupiter** en Bélier début 2023, sans **Mars** et donc moins agressive. Tout janvier et jusqu'au 20 février, vous aurez certainement à vous occuper d'une histoire d'argent à réclamer, qu'il s'agisse d'une aide, d'une donation ou d'un héritage. Il semble qu'il y aura beaucoup de papiers, de documents et que les questions administratives seront un peu envahissantes. Ce qui ne peut que vous rendre plus anxieux et nerveux que vous l'êtes déjà. Il y aura un problème relationnel en mars-avril, puis, la chance sera au rendez-vous à partir de mai, avec la possibilité de vous développer en grimpant un échelon, ou éventuellement en faisant une formation qui vous aidera à progresser.

> 2ᵉ DÉCAN

Uranus est toujours en phase avec votre décan, du moins jusqu'à fin mai. Vous pourrez donc explorer de nouvelles activités où vous aurez plus de liberté d'agir et de concrétiser vos idées. Vous avez peut-être décidé de vous mettre à votre compte ? Cela ne peut que vous réussir, aucune planète lente n'étant en dissonance avec vous pour cette année. Au contraire, vous aurez droit à un aspect chanceux de **Jupiter** à partir de fin juin et jusqu'en novembre ; il apparaît que vous pourrez développer ce que vous avez mis en place sous l'égide d'**Uranus** et que vous y gagnerez, non seulement financièrement mais aussi sur le plan de la renommée. On appréciera ce que vous faites et on vous le fera savoir. Toutefois, comme pour le 1ᵉʳ décan, il y aura quelques démêlés avec l'administration, rien de grave.

> 3ᵉ DÉCAN

Vous allez enfin recevoir les bons influx d'**Uranus** qui seront essentiels pour vous libérer et devenir ou redevenir vous-même. Le problème étant que **Neptune** s'oppose à vous et que vous êtes probablement dans une relation qui peut être toxique. Vous ne vous en étiez pas rendu compte jusqu'à présent, mais vous ne pouvez plus fermer les yeux. En conséquence, l'aspect d'**Uranus** ne pouvait pas mieux tomber ! Il va d'abord vous donner des envies de liberté, ensuite vous trouverez le moyen de reprendre votre indépendance. Le problème relationnel peut autant se situer dans votre vie amoureuse que dans votre vie professionnelle où quelqu'un essaye sans cesse de vous rabaisser. Mais les choses vont commencer à bouger cette année et elles pourraient se concrétiser entre juin et décembre.

BALANCE

> 1er DÉCAN

Vous avez déjà tâté de l'opposition de **Jupiter** en Bélier en 2022, entre mai et octobre, et elle est revenue fin décembre. Donc elle sera encore active en début d'année et jusqu'au 20 février. Au positif, vous pouvez vous associer, voire vous marier avec quelqu'un qui vous stimulera et vous aidera à être plus productif. Au négatif, un problème associatif risque de vous avoir déjà embêté en 2022 et il revient se manifester. Mais de toute manière, il n'en sera plus question après le 20 février et **Jupiter** occupera à partir du mois de mai (le 16) votre secteur financier, ce qui signifie que l'argent devrait rentrer, et comme c'est **Jupiter**, ce sera plus important que ce que vous pensez. Il pourra être question d'une donation, d'une compensation, d'un héritage. Mais plus vraisemblablement, ce sont vos propres productions qui vous rapporteront.

> 2e DÉCAN

Votre ascendant n'avait pas vraiment reçu l'opposition de **Jupiter** l'année dernière, mais cette année vous n'y échapperez pas : du 20 février au 4 avril, elle sera face à vous et vous proposera deux sortes d'ambiances. Tout d'abord, une ambiance positive avec une possible association, voire un mariage, un pacs, quelque chose qui devrait beaucoup vous réjouir, à moins que vous ne soyez engagé dans une équipe, ou dans un partenariat productif. Au négatif, cette opposition de **Jupiter** vous confrontera à la concurrence, à des difficultés dans votre mariage ou dans une association. Après le 5 juillet, **Jupiter** en Taureau devrait faciliter vos rentrées d'argent et surtout vous permettre, si vous avez eu des problèmes avec un partenaire, de réparer ce partenariat ou de vous réparer vous-même. Et si vous avez divorcé, la compensation financière sera à la hauteur de ce que vous désirez.

> 3ᵉ DÉCAN

Une bonne nouvelle : **Pluton** quitte le Capricorne le 23 mars et n'y reviendra que très peu cet été. Cela vous débarrasse d'un poids, celui du passé que la planète vous a obligé à revisiter et qui a pu vous créer des tourments, des angoisses. À la place de **Pluton**, vous recevrez un aspect stabilisant de **Saturne** (déjà l'année dernière) mais seulement jusqu'en mars. Cela dit, le « travail » de **Saturne** est fait : vous donner des bases solides pour les uns, vous faire accepter une période de célibat pour les autres. D'ailleurs, l'opposition de **Jupiter** qui se présentera du 4 avril au 16 mai pourrait correspondre à un divorce et à ses aléas. Mais elle peut, selon votre thème, se révéler positive et vous permettre d'intégrer une équipe, d'en former une ou alors de rencontrer quelqu'un et d'avoir le désir de vous engager et même de vous marier. C'est donc le domaine relationnel qui sera favorisé (ou défavorisé) par **Jupiter**, une planète qui est à double face et qui amplifie tous les domaines qu'elle touche.

SCORPION

> 1ᵉʳ DÉCAN

La grande nouveauté de l'année, pour vous, c'est l'entrée de **Pluton** en Verseau le 23 mars, une brève incursion jusqu'au 11 juin, mais le processus sera lancé pour beaucoup d'entre vous. Il s'agit, avec **Pluton** et après une sorte d'épreuve initiatique, de se reconstruire, de reprendre sa vie en main, de faire preuve de résilience, en particulier né en 1984, 1985. C'est un aspect intéressant pour vous en particulier, **Pluton** étant votre maître, et sachez qu'il peut faire ressurgir un traumatisme subi dans l'enfance. Par ailleurs, comme en 2022, **Jupiter** traversera le 1ᵉʳ décan du Bélier en janvier et en février, elle occupera votre secteur du travail qui devrait prendre plus d'importance. Soit parce que vous obtiendrez des avantages, soit au contraire parce que vous aurez un problème à régler avec un collègue ou un employé. Côté cœur, avec l'arrivée de **Jupiter** en Taureau en mai, vous pourriez faire une importante rencontre, vous marier ou vous pacser.

> 2ᵉ DÉCAN

En début d'année, c'est encore l'opposition d'**Uranus** qui vous ennuiera et vous rappellera, surtout début février, qu'il y a des changements à effectuer (ou à subir) dans votre vie relationnelle. Mais **Uranus** cessera son opposition fin mai, et par chance vous recevrez celle de **Jupiter** à partir de fin juin, et elle n'a rien à voir ! Selon votre thème natal, **Jupiter** gère vos acquisitions et votre argent, mais on peut très bien penser aussi que vous allez « posséder » quelqu'un. En effet, à cette date et jusqu'à fin octobre, vous serez totalement ouvert aux autres, bien plus investi dans vos relations et il est très possible que vous fassiez une importante rencontre et si vous avez bien fait le travail que vous demandait **Uranus**, si vous êtes moins dans la possession justement. Cette relation pourrait prendre de la place dans votre vie, notamment fin juillet et début août : il se peut qu'on vous présente quelqu'un.

> 3ᵉ DÉCAN

C'est à votre tour cette année de recevoir l'opposition d'**Uranus** qui, en soi n'est pas mauvaise, c'est juste qu'elle vous demande un changement et que vous n'aimez pas ça ! C'est sur le plan relationnel que ça se passe, et il semble que vous allez devoir faire face à une remise en question si vous êtes en couple, ou à de l'instabilité si vous êtes célibataire. Dans les deux cas de figure, votre attitude vis-à-vis de l'autre sera à analyser pour mieux comprendre ce qu'il se passe : surtout ne rejetez pas toute la faute sur l'autre, vous reculeriez au lieu d'avancer. Cela peut être en rapport avec votre vie amoureuse, mais vos relations avec vos collègues ou employés pourraient aussi être en question. Le passage de **Jupiter** en Bélier, du 4 avril au 16 mai sera peut-être le fauteur de troubles : vous obtiendrez éventuellement un statut qui vous donnera de l'autorité, ce dont vous abuserez sans vous en rendre compte dans tous les domaines. Vous savez ce qu'il vous reste à faire !

SAGITTAIRE

> 1er DÉCAN

Vous avez déjà eu de belles opportunités en 2022 quand **Jupiter** avait fait un séjour en Bélier (mai à octobre) et voilà que la planète revient en 2023 et vous enverra de bons influx, très créatifs, jusqu'au 20 février. Vous réaliserez quelque chose, que vous avez peut-être entrepris l'année dernière, et qui prospérera en janvier, février. Mais il se pourrait aussi qu'un enfant apparaisse et que vous en soyez très heureux. Par la suite, **Jupiter** atteindra le Taureau le 16 mai (jusqu'au 5 juillet) et cela signifie que ce que vous avez mis en route peut vous rapporter, et parfois plus que vous ne l'aviez imaginé. Si toutefois, dans votre thème natal, **Jupiter** est positive. Autre aspect actif à partir du 7 mars, c'est celui que **Saturne** va former avec votre ascendant, vous freinant un peu dans votre progression, mais surtout parce que vous serez fatigué ou moins motivé que d'habitude. Toutefois, le couple peut en être affecté.

> 2e DÉCAN

Vous serez également regardé de manière très positive par la planète de toutes les chances, **Jupiter**. Ce sera actif du 20 février au 4 avril, mais il est sûr que vous en ressentirez les bienfaits avant le 20 février. La planète étant propice au développement, personnel ou professionnel, il est possible que vous puissiez progresser très rapidement, surtout sur le plan professionnel. Il faut dire qu'on appréciera ce que vous faites, votre créativité étant décuplée par la conjoncture. Quoi que vous entrepreniez, ça marchera. Certains pourraient même avoir un enfant… À partir de juillet, vous recueillerez les fruits de vos efforts, surtout sur le plan financier. **Jupiter** occupera alors le secteur le plus productif de votre zodiaque. Toutefois, c'est également le secteur des dédommagements, des primes et des héritages. Il est donc possible que l'argent vous arrive de cette manière.

> 3ᵉ DÉCAN

La seule planète lente à faire un aspect dynamique avec vous, c'est **Neptune**. Elle était déjà active l'année dernière mais elle est difficile à interpréter car elle possède plusieurs sens. Elle peut vous inviter (voire vous obliger) à prendre conscience d'une dépendance dont vous cherchez à vous défaire et qui vous a empêché, jusqu'à présent, de construire du solide dans votre vie. Toutefois, **Saturne** a été en harmonie avec vous tout 2022 et encore cette année jusqu'en mars. Vous avez peut-être entamé un processus qui vous permet de vous défaire de cette dépendance et de vous stabiliser. Pour d'autres Sagittaire, **Neptune** étant la planète qui représente les secrets et parfois les secrets de famille, il est possible qu'un ou des événements de votre enfance aient été oubliés, refoulés, et qu'ils reviennent à présent à votre conscience. **Jupiter**, elle, sera positive et même chanceuse entre le 4 avril et le 16 mai.

CAPRICORNE

> 1ᵉʳ DÉCAN

Votre planète maîtresse, **Saturne**, quitte votre signe où elle était depuis 2017 pour entrer chez l'ami Poissons le 7 mars. En bon aspect avec votre ascendant, vous ne vous apercevrez pas tout de suite de ce qu'elle vous apporte, mais il est évident que vous allez vous installer dans quelque chose de durable et de sérieux. Que ce soit dans vos relations ou dans votre vie professionnelle. Mais vous pouvez aussi vous mettre à apprendre quelque chose, ou à approfondir un savoir, tout ceci vous nourrissant spirituellement. Autre aspect, rapide, et qui reproduit celui de 2022 (entre mai et octobre), le passage de **Jupiter** dans votre secteur 4 ; un déménagement, prévu de longue date, peut-être après des travaux, pourrait se faire entre début janvier et le 20 février. À moins qu'enfin vous n'achetiez la maison de vos rêves pendant cette période. Pour certains natifs, ce sera un peu moins positif car il y aura des différends avec votre hiérarchie, il faudra vous défendre.

> 2ᵉ DÉCAN

Uranus, planète des changements et des découvertes sur soi terminera son bon aspect avec vous fin mai (commencé en 2021) ; né après le 6 janvier vous aurez donc encore quelques mois pour faire de gros progrès dans votre vie sociale, l'image que vous avez de vous-même ayant évolué ces deux dernières années. Et vous en profiterez certainement à partir du mois de mai, quand **Jupiter** entrera en Taureau et sera en harmonie avec votre ascendant : c'est un aspect de développement, qui pourrait correspondre à un succès personnel, à quelque chose qui vous met en vedette. Mais ce développement peut aussi être physique pour celles qui seront enceintes : c'est en effet une des possibilités offertes par **Jupiter** qui restera votre alliée jusqu'en novembre et reviendra en 2024. Juillet sera probablement le mois le plus favorable de votre année.

> 3ᵉ DÉCAN

Une bonne année pour vous aussi ! Tout d'abord, **Pluton** vous quitte du 23 mars au 11 juin, elle reviendra mais pour repartir définitivement début 2024. La planète se tenait à la fin de votre ascendant depuis longtemps (2019) et elle a été à l'origine d'un processus de destruction-reconstruction qui a été une épreuve pour certains d'entre vous. Mais elle a pu jouer un rôle positif pour d'autres, en vous permettant de vous enrichir, matériellement ou spirituellement. Elle laisse la place à un bon aspect de **Neptune** qui va vous permettre de vous détendre, d'apprécier davantage le moment présent, sans vous préoccuper plus que de raison de ce qui risque d'advenir. En outre, vous nouerez des liens amicaux ou amoureux qui prendront de la place, des personnes avec qui il y aura de la complicité et qui apprécieront vos conseils pleins de bon sens. Mais **Jupiter** risque de créer un conflit, apparemment vite résolu. Entre le 4 avril et le 16 mai, il faudra faire profil bas, en famille ou dans votre vie professionnelle, des problèmes avec l'autorité étant apparus.

VERSEAU

> 1er DÉCAN

Le plus important en 2023, c'est l'arrivée de **Pluton** dans votre décan. Elle restera sur le tout début, mais cela ne s'est pas produit depuis 1778 ! Planète des crises, elle était entrée en Capricorne en 2008 (crise financière) et là, dans votre signe, c'est peut-être une crise des libertés qui va se manifester. Sur le plan personnel, cela peut être tout ou rien : vous pouvez vous enrichir considérablement et de manière inattendue sur le plan financier, comme vous pouvez rétrograder et peut-être même devoir repartir de zéro. En tout cas, ce sera une année intense pour ceux du début du signe. **Jupiter** sera votre alliée en janvier et jusqu'au 20 février, vos affaires marcheront vraiment bien et on parlera de vous avec admiration. Ce que vous ferez pourrait d'ailleurs vous rapporter beaucoup puisque **Pluton** ne sera pas loin. En mai et juin, avec **Jupiter** en Taureau, il se pourrait que vous soyez obligé de vendre un bien, ou de le partager. Une affaire familiale peut aussi vous préoccuper.

> 2e DÉCAN

Pas de **Pluton** pour vous, et surtout la fin de la dissonance d'**Uranus** qui a provoqué d'importants changements depuis deux ans. Elle vous lâchera fin mai et ce sera un vrai soulagement pour certains. Pour vous dynamiser d'ici là, un bon aspect de **Jupiter** en Bélier pourrait vous permettre de démarrer quelque chose, un projet qui progressera rapidement entre 20 février et le 4 avril. Il y aura une occasion à saisir et il faudra foncer dessus, ne pas trop réfléchir, même si cela vous demande plus de boulot. Peut-être aussi que vous ferez une formation éclair et que cela vous permettra de prétendre à une meilleure rémunération. Quoi qu'il en soit, ce sera un pari sur l'avenir. Après le 5 juillet, comme le 1er décan, vous recevrez des influx de **Jupiter** depuis le Taureau, secteur de la famille et de la maison. Soit vous aurez dans l'idée d'acheter un bien pour faire un placement, par exemple, ou alors vous aurez tout simplement à déménager. Réfléchissez à ce qu'il s'est passé en 2011 dans ces domaines.

> 3ᵉ DÉCAN

Cette année, la planète la plus active pour vous sera **Uranus** (votre maître, je le rappelle). Elle entrera dans le 3ᵉ décan du Taureau et cela peut entraîner des répercussions très différentes selon le thème de chacun et surtout selon votre signe solaire. En tout cas, préparez-vous à des changements, il vous est même conseillé d'avoir un plan B, si les changements concernent votre vie professionnelle. Vous serez aidé, c'est certain, par un bon aspect de **Jupiter** qui sera actif entre le 4 avril et le 16 mai, la planète occupant un secteur qui est justement dédié à la diversification de vos activités. Surtout, si vous avez mis tous vos œufs dans le même panier, il est dans votre intérêt de regarder ailleurs et de prendre, peut-être à moitié, votre indépendance. Le but d'**Uranus** étant précisément de vous obliger à vous défaire de toute dépendance. Par ailleurs, **Saturne** sera encore chez vous jusqu'au 7 mars, comme en 2022, vous gênant précisément dans votre volonté d'avancer. Peut-être tout simplement parce que vous aurez un peu moins d'énergie.

POISSONS

> 1ᵉʳ DÉCAN

Jupiter a quitté votre ascendant et se trouve à présent en Bélier jusqu'au 16 mai, elle aura alors traversé les 3 décans. Elle restera jusqu'au 20 février dans le vôtre, mais vous l'avez déjà eue longuement l'année dernière et vous avez, éventuellement pu augmenter vos revenus ou effectuer un achat conséquent. Avec **Jupiter**, vous le savez, il y a toujours une amplification ; la planète met fortement l'accent sur un domaine et, en ce qui vous concerne, le Bélier est votre domaine d'argent. Celui que vous rentrez tous les mois et qui pourrait de nouveau être plus important en début d'année. Ça ne sera pas un miracle mais plutôt le fruit de votre travail et surtout d'un fort désir d'être productif. Toutefois, **Saturne** va également faire son apparition dans votre signe (la dernière fois c'était en mai 1993 et surtout en 1994), et il faudra alors vous fixer des objectifs, ou accepter qu'on vous en fixe, et faire les efforts nécessaires pour les atteindre. Cependant, vous pouvez aussi connaître une période difficile parce que vous vous sentirez seul, ou mal accompagné.

> 2ᵉ DÉCAN

Uranus s'occupe encore de votre décan jusqu'en mai, une bonne configuration qui vous a peut-être permis – ou qui va vous permettre – d'en apprendre beaucoup sur un sujet en particulier, ou parfois sur vous-même. Il se peut que vous vous découvriez un potentiel qui ne s'était pas exprimé jusque-là, ou que vous appreniez à mieux vous exprimer, que ce soit par oral ou par écrit. **Saturne** a été en relation avec vous l'année dernière et vous a permis justement d'être plus rigoureux et surtout d'avoir un esprit critique plus affûté. Par ailleurs, **Jupiter** sera votre facteur chance cette année, du 5 juillet au 5 septembre (des dates à ne pas prendre à la lettre). Vous allez nouer un lien de complicité avec quelqu'un et parfois plus parce que vous aurez de belles affinités. Mais cela devrait rester platonique, normalement. Ce sera quelqu'un qui peut vous guider et dont vous apprécierez beaucoup l'intelligence. Il y aura quelque chose de fraternel entre vous.

> 3ᵉ DÉCAN

Neptune n'en a pas terminé avec vous, elle est encore conjointe à votre Soleil et, en bonne planète « double », elle peut autant être positive que négative. Cela dépend de ses états dans votre thème natal, si elle est forte ou non. En tout cas, c'est la planète des illusions/désillusions et il faut en tenir compte en développant votre sens critique. Si vous êtes déjà de ceux qui doutent, très bien. Mais en général le doute est assez faible chez les Poissons, et c'est la meilleure parade à **Neptune**, qui nous fait prendre souvent des vessies pour des lanternes. Heureusement, et c'est une chance, **Uranus** commence à vous regarder (depuis quelque temps déjà) et il vous vient à l'esprit que vous pourriez vous libérer, vivre et penser autrement. Certains ont peut-être commencé à chercher comment laisser tomber leurs illusions, les autres feront de même cette année, ce qui à la longue sera extrêmement positif. Par ailleurs, **Jupiter** éclairera votre secteur d'argent du 4 avril au 16 mai et vous permettra peut-être d'augmenter vos revenus pendant cette période. Et si c'est le cas, essayez d'épargner.

Vos prévisions 2023

mois par mois

Janvier

SIGNE DU MOIS: CAPRICORNE

> 1er DÉCAN

Vous démarrez l'année avec l'opposition de Mars, face à vous dans le 1et décan des Gémeaux. Elle y était déjà fin août et son retour va vous demander des efforts, surtout celui de vous montrer conciliant, de faire des compromis, ce qui n'est pas dans vos habitudes ! D'autant plus qu'avec les bons influx de Jupiter, qui seront actifs tout le mois, vous serez assez sûr de vous et de vos opinions. Aussi la moindre contradiction – et vous en aurez – vous mettra en colère. Heureusement, un ou une amie, vous incitera à voir les conséquences de votre attitude et vous vous apercevrez que vous avez intérêt à en changer. Même si votre amour-propre en souffre !

> 2e DÉCAN

Le Soleil en Capricorne sera en harmonie avec Uranus, et les deux astres regarderont votre décan. Il sera question d'argent, le Capricorne étant le secteur de votre zodiaque qui le représente ; mais il représente aussi vos acquisitions et possessions. Son harmonie avec Uranus pourrait se révéler positive et, dans ce cas, vous recevrez de l'argent que vous n'attendiez pas, ou pas aussi tôt. Quoi qu'il en soit, vous ne serez pas mécontent et vous pourrez vous acheter ce que vous aviez prévu d'acheter et qui semble être une nécessité et non quelque chose de futile. Votre rapport à la nourriture (trop, pas assez ?) pourrait aussi être en question.

> 3e DÉCAN

Vous êtes de ceux qui reçoivent un bon aspect de Saturne, très bienvenu pour vous empêcher de vous soumettre aux influx de Neptune. Cette planète dissout, sape les bases et peut représenter une situation vacillante, alors que Saturne construit et vous montre ce qui est solide dans votre vie. Psychologiquement, cet aspect de Saturne est un facteur de persévérance, qui indique que vous pouvez ne pas vous laisser entraîner par Neptune et par ses sirènes. Mais tout dépend de votre thème natal, et si Neptune est plus forte que Saturne (votre ascendant est en Poissons, par exemple), les fondations que vous avez construites peuvent être en train de se fragiliser. Parfois, c'est vous-même, votre personnalité qui sera fragilisée.

CÔTÉ CŒUR

Vénus sera chez l'ami Verseau pratiquement tout le mois, ce qui est de bon augure pour votre vie affective et surtout amicale. Et certains d'entre vous (3ᵉ décan) ont bien besoin de leurs amis en ce moment, et même de leurs proches, pour tenir le coup. Des bons conseils vous seront généreusement donnés, écoutez-les, n'en faites pas qu'à votre tête.2ᵉ décan, Vénus sera en dissonance avec Uranus autour des 13, 14 janvier ; un imprévu pourrait vous déplaire, un projet annulé peut-être, mais rien de dramatique !1ᵉ décan, Vénus sera en phase avec Mars du 4 au 13 janvier, vous serez le plus ardent, le plus amoureux des Sagittaire ! Si quelqu'un vous plaît, faites le premier pas.

COMMENT POSITIVER ?

Pour vous, en période Capricorne, la meilleure manière de positiver c'est de laisser votre idéalisme de côté et de garder le plus possible les pieds sur terre. C'est-à-dire de mesurer les conséquences de vos actes, paroles et décisions, et de vous mettre des limites s'il le faut. Parce qu'elles manqueront à certains d'entre vous et même à tous, puisque votre signe est réputé pour détester toute forme de limite ! Pour vous, elles sont synonymes de frustrations.

À NOTER : la nouvelle Lune du 21 janvier, se fait dans le 1ᵉ décan du Verseau, en harmonie avec votre 1ᵉ décan et juste au moment où le Soleil entre dans le signe. C'est plutôt positif pour vos projets, mais aussi pour votre réseau relationnel : il pourrait y avoir un ou des nouveaux venus dans votre cercle amical ou professionnel, des personnes avec qui vous ferez des efforts pour bien vous entendre. Mais ça ne marchera pas toujours !

SIGNE DU MOIS: VERSEAU

> 1er DÉCAN

Jupiter terminera sera dans vos petits papiers jusqu'au 20 février, des semaines qui vous seront profitables pour saisir de belles occasions, toujours dans le domaine de la beauté, du luxe, de tout ce qui brille ! C'est-à-dire que l'argent en fait partie, en particulier celui que vous avez à la banque. Votre compte pourrait se remplir à la suite d'un pas en avant dans votre job, ou d'un procès que vous aurez gagné. **Mercure** sera aussi très bien disposée du 11 au 18, une semaine où vos échanges ne vous apporteront que des satisfactions ; vous aurez d'excellentes relations avec les clients, les proches, tous ceux avec qui vous pourrez échanger et qui feront tourner votre machine à idées (très en forme) !

> 2e DÉCAN

En fonction de votre date de naissance vous recevrez l'opposition de Mars pendant quatre ou cinq jours grand maximum. Cela peut correspondre à une bonne vieille grippe, puisque les Gémeaux où se trouvera **Mars** représentent l'appareil respiratoire… Toutefois, il se peut aussi que vous soyez en conflit avec quelqu'un et il ne faudra pas chercher à avoir le dessus, mais plutôt marcher sur des œufs et trouver un terrain d'entente. **Jupiter** sera en harmonie avec vous à partir du 20, mais vous en ressentirez les bons influx auparavant, surtout en fin de mois quand elle sera conjointe à Vénus. On peut parler de succès, de quelque chose de flatteur, de valorisant pour votre ego. Ou alors il sera question d'une naissance, réelle ou symbolique.

> 3e DÉCAN

Saturne est en phase avec vous tout le mois, une dernière fois avant qu'elle n'entre en Poissons. Il n'est pas sûr que vous soyez très conscient de ses « bienfaits », vous avez plutôt l'impression d'avoir galéré ces derniers mois, mais mine de rien vous avez fait des progrès, surtout si vous êtes de ceux qui sont (encore) sous l'influence déstabilisante de Neptune, qui vous fait voir la vie sous des aspects parfois déprimants. Cependant, vous vous êtes renforcé intérieurement et surtout vous avez intégré un apprentissage, comme si vous aviez traversé une sorte d'épreuve initiatique. Vous profiterez longuement de tout ce que vous avez appris depuis un an.

CÔTÉ CŒUR

Vénus sera en Poissons jusqu'au 20, en mauvais termes avec Mars jusqu'au 10, puis en dissonance avec Neptune la semaine du 13.2e décan, c'est vous qui recevrez la dissonance **Vénus-Mars** qui aura pour effet de créer un climat tendu, la dispute étant peut-être la seule manière d'évacuer les tensions. Et si ce n'est pas avec votre moitié, ce sera avec quelqu'un que vous aimez : un enfant, un parent envahissant, un ami. Mais les choses s'arrangeront rapidement. **Vénus et Neptune** se regarderont de travers (3e décan) la semaine du 13 et vous risquez d'expérimenter une illusion ou une désillusion. Le mieux à faire serait de ne pas trop rêver, de ne pas vous faire de film dans votre tête, et vous passerez au travers.

CÔTÉ CŒUR

En période Verseau, tout se passe au niveau du mental, de votre intellect. C'est lui qui est le plus puissant ce mois-ci, vous pouvez donc vous appuyer sur lui en toutes circonstances, et surtout après le 11 quand Mercure sera elle aussi en Verseau. Vous aurez une vision très perçante des gens, des situations et il faudra vous fier à votre façon à vous de voir les choses et non à ce que, selon les conventions, vous devriez penser ou dire pour être dans le politiquement correct.

À NOTER : la nouvelle Lune du 20 février se fera dans le 1et décan des Poissons, conjointe à Saturne qui s'apprête à y entrer (en Poissons). Si vous êtes né au début du signe, en novembre, vous serez très sensible à cette nouvelle Lune qui met l'accent sur un souci familial, ou qui est lié à votre maison, voire à un achat immobilier. Il est possible cependant que vous ayez peur pour la santé ou le bien-être de l'un de vos proches.

SIGNE DU MOIS: POISSONS

> 1er DÉCAN

C'est l'entrée de **Saturne en Poissons** qui va marquer ce mois. La planète du sérieux et de la rigueur restera en relation avec vous jusqu'à l'année prochaine. De deux choses l'une : ou Saturne joue un rôle **positif** et vous entrez dans une ère de stabilité, de sécurité, surtout dans le domaine relationnel. Mais il y a aussi une possibilité de stabilisation dans votre travail, à moins que vous ne preniez votre retraite. En tout cas, ce que vous ferez aura une portée significative et donnera du poids à votre personnalité ; certains obtiendront éventuellement une reconnaissance. Ou alors Saturne joue **un rôle négatif** et il se peut que vous traversiez une épreuve formatrice et qui vous en apprendra beaucoup sur l'âme humaine.

> 2e DÉCAN

Votre meilleur atout, c'est **Jupiter** ; la planète de l'expansion, des opportunités, sera en harmonie avec vous, en compagnie de Vénus en tout début de mois. Il se pourrait que vous ayez rencontré l'amour, sous quelque forme que ce soit : vous avez trouvé votre âme sœur, vous avez eu un enfant, voire un animal de compagnie que vous adorez, bref ce sont des moments de joie que vous allez partager et dont il faudra profiter à fond car Jupiter ne reviendra pas sur ses pas. Mais l'ambiance dans laquelle vous serez a des chances de perdurer, il suffira d'entretenir la flamme, de ne pas vous lasser. **Du 9 au 14,** vous aurez tendance à vous éparpiller dans le boulot, ou à avoir du mal à vous concentrer sur quelque chose.

> 3e DÉCAN

Du 1er au 25, Mars sera face à votre décan et si elle est **en phase avec Saturne** en tout début de mois, il n'en ira pas de même par la suite. Ce premier aspect vous incitera à faire un choix raisonnable, auquel vous aurez probablement longuement réfléchi ; vous ne ferez rien d'impulsif sous cette conjoncture. En revanche, très vite Mars sera **en dissonance avec Neptune** et ce n'est pas une conjoncture facile. Vous aurez le sentiment qu'on cherche à vous influencer, à vous faire faire de mauvais choix, ou tout simplement, vous serez face à une décision impossible à prendre. Il vaudrait mieux attendre que l'aspect soit terminé, c'est-à-dire le 24 du mois, vous pouvez être sûr qu'après vos décisions ne seront pas si difficiles à prendre.

CÔTÉ CŒUR

Jusqu'au 16, **Vénus occupera l'ami Bélier** et ira vers une harmonie avec Mars : ce sera une bonne conjoncture pour le 2e et le 3e décan. Surtout le 3e. Les sentiments (Vénus) se mêleront au désir (Mars) et on peut dire que le climat sera passionnel car Mars en Bélier l'emporte sur Vénus. Il semble que vous serez impatient d'aimer, que vous vous emballerez, et que le risque que vous prenez c'est de vous tromper sur l'autre, ou de vous lasser rapidement parce que, finalement, vous aurez confondu désir et amour... Mais ça peut aussi être le début d'une belle histoire. **Après le 16, Vénus sera en Taureau** et c'est le 1^{et} décan, plus une partie du 2e, qui seront concernés par une volonté de s'approprier l'autre ; vous serez un peu trop exclusif !

COMMENT POSITIVER ?

L'important, ce mois-ci, sera de vous protéger de... Vous-même ! Et surtout de votre tendance à aller trop vite, à vous emballer, à accélérer au lieu de freiner. Il vous faudra, pour créer l'équilibre, contrebalancer votre nature et être un peu plus attentiste. En outre, **vous aurez également intérêt à écouter votre intuition parce qu'elle sera votre meilleur guide.** C'est elle qui vous permettra de positiver, votre intuition et pas celle des autres même s'il s'agit de personnes de votre famille en qui vous avez toute confiance. Vous serez votre meilleur juge.

À NOTER : la nouvelle Lune du 21 mars, la plus importante de l'année, occupera le 1^{et} décan du Bélier, en conjonction avec Mercure et en harmonie avec Pluton, qui va faire son entrée en Verseau. Cela signe un énorme changement à venir, très positif pour vous, Sagittaire, surtout si vous êtes du 1^{et} décan. Vous allez certainement vivre votre meilleure vie dans les prochaines années, mais également ce mois-ci, avec cette magnifique nouvelle Lune. Seule Saturne (la forme ?) ne sera pas au diapason.

SIGNE DU MOIS: BÉLIER

> 1er DÉCAN

Vous serez sous l'influence à la fois de Mars, l'accélérateur, et de Saturne le frein. Saturne étant importante en ce moment, on peut penser que vous vous sentirez frustré de ne pas pouvoir faire ce que vous voulez, à savoir (avec Mars) faire un placement financier, récupérer une somme qu'on vous doit, voire faire réparer quelque chose. **Une opération, financière ou chirurgicale,** peut aussi être au programme. Quoi que ce soit, cela ne vous inquiétera pas très longtemps, a priori **entre le 4 et le 10** votre tendance à vous faire du mouron sera accentuée et votre machine à penser risque de s'emballer. Mais nous verrons, avec Vénus, qu'on vous soutiendra.

> 2e DÉCAN

Jupiter termine son transit et laissera la place à **Mars à partir du 14.** Son influence sera évidemment moins importante, d'autant que Mars occupera un secteur qui n'a d'importance que si vous lui en accordez. Le « problème » soulevé par Mars sera financier et comme le 1^{et} décan vous aurez certainement à récupérer de l'argent qu'on vous doit ou quelque chose à réparer, une opération à faire, le tout parfois dans l'urgence vu qu'avec Mars, tout est urgent. Mercure faisant une boucle **dans votre secteur 6, celui des petits soucis,** il se peut que vous pensiez beaucoup à la situation, tout en ayant malgré tout confiance en votre capacité à vous en sortir en beauté.

> 3e DÉCAN

Jupiter roule pour vous à présent et ce sera un atout de taille si vous êtes né avant le 19 décembre. Vous pourrez, comme les autres décans, développer une idée, prendre une initiative gagnante, tomber amoureux ou encore avoir un enfant. Et Jupiter sera davantage mise en lumière par **sa conjonction avec le Soleil** qui aura lieu entre le 8 et le 17, une période où vous serez particulièrement fier de vous et de ce que vous avez accompli. Si vous avez de grands enfants, vous serez fier de l'un d'eux. Toutefois, né après le 19, ne désespérez pas, **Jupiter sera avec vous en fin de mois** et le mois prochain jusqu'au 16. Mais vous devrez veiller à ne pas voir trop grand ou trop loin et à ne pas avoir la grosse tête.

CÔTÉ CŒUR

Jusqu'au 11, le 3ᵉ décan recevra les influx d'une Vénus très forte parce que située dans son signe, le Taureau. Mais le secteur occupé n'est pas extraordinaire. Aussi développerez-vous peut-être des sentiments forts, puissants, (Vénus Taureau) mais ils s'adresseront à quelqu'un qui ne sera probablement pas en phase ou qui ne sera pas votre genre (secteur 6). **Après le 11,** Vénus vous fera face depuis les Gémeaux et, en dissonance avec Saturne, ne s'avérera pas généreuse pour le 1ᵉᵗ décan. Il peut même y avoir de la tristesse, un sentiment de perte, d'abandon (semaine du 11). 2ᵉ décan, Vénus s'opposera à vous du 18 au 28, sans aspects, et cela correspondra à une vie sociale animée par des rencontres ou des invitations amusantes. Bonne période.

COMMENT POSITIVER ?

Si quelque chose à venir vous fait peur ou vous angoisse un peu, faites appel aux qualités Bélier : courage, audace, volonté et détermination. Dites-vous que ce que vous craignez peut ne pas arriver, ou si c'est inéluctable, cela passera rapidement. 1ᵉᵗ décan, si vous vous sentez un peu « perdu », appuyez-vous sur quelqu'un dont l'esprit est rationnel et qui saura vous soutenir en vous donnant des conseils de bon sens. Ne vous repliez surtout pas sur vous, au contraire, il faut communiquer davantage.

À NOTER : la nouvelle Lune aura lieu le 20, sur le dernier degré du Bélier, là où Jupiter passera le mois prochain. Si vous êtes de la dernière semaine de votre signe (3ᵉ décan, né après le 13) il se peut que cette nouvelle Lune vous voie très positif et qu'une chance vienne à vous parce que votre attitude l'aura provoquée. Cela dit, si vous attendez un enfant, c'est connu que la nouvelle et la pleine Lune (celle-ci a lieu le 6 avril) sont favorables aux naissances.

SIGNE DU MOIS: TAUREAU

> 1er DÉCAN

Saturne avance, mais très lentement et elle est toujours en dissonance avec vous, vous donnant l'impression que le temps s'est arrêté, que le passé revient dans le présent, ou encore que vous manquez de vitalité. Vous avez peut-être un petit souci de santé, avec Saturne on ne sait pas car elle a plusieurs visages. Mais il y a toujours de la rigueur et un sentiment de restriction. Sa dissonance sera activée en fin de mois par le Soleil en Gémeaux, à partir du 22 et surtout le week-end du 27. Sachez qu'elle rétrogradera le mois prochain et que la situation s'intériorisera. Par ailleurs, Jupiter entre en Taureau le 16 et votre travail sera soudain beaucoup plus important.

> 2e DÉCAN

Le Soleil en Taureau vous regardera jusqu'au 10 mai, et si vous êtes de la fin du décan (né les 10, 11, 12 décembre) vous aurez droit à sa conjonction avec Uranus. C'est-à-dire que votre travail, vos méthodes de travail ou votre organisation sont en train de changer, et ce sont vos habitudes quotidiennes qui sont impactées. Peut-être aussi que votre travail n'est pas assez régulier pour vous satisfaire. Ne le négligez pas pour autant, surtout si vous n'avez pas de plan B ; faites en sorte de contenter votre employeur, vos clients, de manière à conserver ce travail. À moins que vous n'ayez le projet déjà bien avancé de monter votre propre affaire, ce qui expliquerait les hauts et les bas causés par Uranus.

> 3e DÉCAN

Vous aurez à la fois des influx du Soleil (11 au 21 mai) et de l'autre planète de Feu, Mars (jusqu'au 20). Voilà de quoi avoir la pêche ! Quoi qu'il se passe, vous réagirez avec force et votre volonté sera inébranlable. Une petite crise, personnelle ou professionnelle risque de vous obliger à adopter une stratégie pour ne pas être perdant, mais vous devez faire très attention à ne pas choisir la facilité. Ne prenez pas ce chemin-là, vous le regretteriez. Affrontez ce que vous devez affronter (Mars vous y encourage), surtout né après le 17 décembre. La dissonance que Neptune vous envoie est réputée pour provoquer du déni, ou justement pour inciter à prendre de mauvaises directions. Au besoin, demandez conseil.

CÔTÉ CŒUR

3e décan, Vénus sera face à vous jusqu'au 7, et en résonance avec Neptune. Aussi, attention à ne pas vous faire avoir par quelqu'un de trop beau et de trop séduisant pour être honnête, ou tout du moins sincère. Vous risquez de vous faire un beau film dans votre tête ou d'accorder votre confiance trop facilement. Après le 7, le 1er et le 2e décan recevront des influx de Vénus en Cancer. Ce signe d'Eau n'est pas très en phase avec le vôtre, il gère vos crises (amoureuses ET financières) aussi serez-vous un peu ballotté par des émotions qui peuvent déborder et teinter votre caractère d'agressivité parce que vous ne serez pas à l'aise. Cela dit, Vénus passe en Cancer tous les ans et il ne s'agit que d'une ambiance qui peut très bien n'être qu'intérieure. Donc pas de panique !

COMMENT POSITIVER ?

Le courage fait partie des qualités du Sagittaire, sous des dehors parfois désinvoltes vous avez de l'endurance et la volonté de vous dépasser. Aussi, quoi qu'il se passe avec Saturne (1^{et} décan), le bon aspect que Mars va vous envoyer à partir du 21 sera le signe que vous déployez toute votre volonté et toute votre énergie pour combattre ce qui vous freine, vous gêne, vous empêche d'être vous-même. Et surtout, faites bien remarquer que vous avez la capacité de surmonter le problème, il est important que les autres le sachent.

À NOTER : la nouvelle Lune du Taureau se fera le 19 dans le 3e décan du signe et regardera votre 3e décan, celui qui est impacté par Neptune, planète de l'idéalisation mais aussi de la foi, en soi, en l'autre. A contrario, sa dissonance peut vous avoir fait perdre toute confiance en vous et en certaines de vos capacités. À moins que vous n'ayez choisi, dans votre travail, de céder à la facilité, que vous ne reportiez sans cesse au lendemain ce qui devrait être fait le jour même… Et cela doit changer, vous dit la nouvelle Lune.

SIGNE DU MOIS: GÉMEAUX

> 1ᵉʳ DÉCAN

Vous serez pressé, impatient en début de mois et vous risquez de parler trop vite, ou trop fort. Essayez de prendre votre temps si vous avez une explication à aborder, préparez-la si vous le pouvez afin d'employer les bonnes expressions, celles qui seront percutantes, sans pour autant blesser votre interlocuteur dans son orgueil ou son amour-propre. Un peu plus tard, à partir du 11, Mercure sera face à vous (jusqu'au 17) et vos échanges seront moins agressifs qu'au début du mois. Vous chercherez à vous concilier l'autre et essayerez d'être sur la même longueur d'onde. C'est en tout cas, ce qui vous permettra d'obtenir un accord, de bien négocier un contrat, etc.

> 2ᵉ DÉCAN

À partir du 7, vous aurez la niaque et l'envie de dépasser tout le monde, d'être le meilleur, le plus fort et de gagner tous vos combats. Une excellente conjoncture pour ceux qui vont passer des examens, par exemple, ou si vous devez traiter avec d'importants personnages. Veillez cependant à garder une petite réserve, à ne pas montrer trop d'enthousiasme. Mettez votre créativité en valeur, plus que votre énergie. Entre le 17 et le 22, vous pourrez certainement trouver un accord avec un concurrent ou avec un futur partenaire. Surtout si vous savez vous montrer diplomate et aborder vos discussions en étant légèrement flatteur.

> 3ᵉ DÉCAN

Le Soleil en Gémeaux ainsi que la nouvelle Lune du 18 dans ce signe, seront en mauvais termes avec Neptune. Cela dit, c'est un aspect que vous connaissez bien, il n'y a rien de nouveau sauf que le problème représenté par Neptune va probablement vous casser les pieds pendant quelques jours. Il s'agit d'une perte de confiance en soi pour les uns, de moments de déprime pour les autres. Mais aussi, parfois, vous pouvez vous sentir influencé, voire soumis à quelqu'un de votre famille qui abuse de son pouvoir sur vous. Toutefois, c'est à modérer fortement, en fonction de votre thème natal.

CÔTÉ CŒUR

Ce sera très agréable dans ce domaine car Vénus, qui traversera l'ami Lion (en avance sur le Soleil) à partir du 5, vous verra d'un optimisme très contagieux et votre partenaire ne s'en plaindra pas. De plus, son harmonie avec Mercure sera favorable autant à vos échanges (entretiens, explications, etc.) qu'à vos rencontres. Des rencontres avec des personnes qui peuvent avoir une bonne réputation, et même une renommée dans certains cas. Toutefois, Vénus en secteur 9 représente souvent les étrangers, aussi pourriez-vous vivre une aventure lors d'un voyage, ou vous éprendre d'une personne d'origine étrangère.1er décan jusqu'au 16,2^{e} décan du 16 au 29 juin,3e décan par la suite. En couple, vous envisagerez probablement un petit ou un grand voyage.

COMMENT POSITIVER ?

Vous êtes déjà très positif ce mois-ci, difficile de l'être davantage. Sauf peut-être si vous êtes du 3e décan né après le 19 décembre, à cause de la dissonance entre le Soleil et Neptune. Si vous en êtes affecté, l'idéal serait de vous confier à quelqu'un, de demander des conseils ou de l'aide. Pendant la période Gémeaux, le Sagittaire est plus fort à deux que tout seul.

À NOTER : la nouvelle Lune des Gémeaux se fait le 18 dans le 3e décan du signe et, malheureusement, en dissonance avec Neptune. Cela ne peut qu'accentuer une ambiance délétère, créer des impressions et des sensations dérangeantes, ou encore mettre l'accent sur une dépendance à un membre de la famille ou à un produit. Si vous faites une rencontre autour du 18, surtout ne vous lancez pas tête baissée, renseignez-vous soigneusement sur la personne.

SIGNE DU MOIS: CANCER

> 1ᵉʳ DÉCAN

Deux aspects pour ce premier mois des vacances. D'abord, Mercure en Lion du 11 au 16. Entre ces deux dates, vous pourriez voyager, **partir loin de chez vous,** mais ce n'est qu'une possibilité que certains se réserveront pour la fin du mois quand le Soleil passera par le même endroit. Par ailleurs, et c'est moins cool : **Mars entre en Vierge** et la planète sera opposée à Saturne jusqu'à la fin du mois. Apparemment, c'est un problème intime, une douleur quelque part qui sera gênante au quotidien ; la meilleure solution sera de voir le médecin et de vous traiter tout de suite. Ne laissez pas traîner, surtout si c'est une inflammation, une douleur au dos ou à une articulation.

> 2ᵉ DÉCAN

À votre tour de voir Jupiter se promener dans votre secteur du travail et de la forme. La planète n'a pas de mauvaises intentions, d'autant plus qu'elle sera en harmonie avec le Soleil et Mercure (source de vitalité) les premiers jours du mois. **Ce n'est peut-être pas le moment de partir en vacances,** le devoir vous appelle ! Il faudra peut-être refaire ou faire refaire un travail qui a été mal fait, à moins que vous n'ayez un problème à régler avec un employé. Vous pouvez aussi démarrer un nouveau boulot, ce qui signifie : pas de vacances. Plus tard, **Mercure sera très positive du 16 au 22,** période pendant laquelle vous pourrez malgré tout prendre quelques jours ou vous déplacer pour votre boulot.

> 3ᵉ DÉCAN

Un bon aspect de Mars devrait vous enthousiasmer les premiers jours du mois (jusqu'au 10, si vous êtes né après le 16 décembre). **Peut-**

être prendrez-vous quelques jours de vacances, ou alors vous ferez un sport de compétition avec de bonnes chances de l'emporter. Mais vous pouvez aussi avoir à vous battre pour vos idées et opinions, vouloir les imposer aux autres. Sinon, à la place de Jupiter qui regarde le 2e décan, c'est Uranus qui vous regarde depuis votre secteur du travail et de la forme. **Vous continuez à effectuer des changements dans votre activité,** et même peut-être à avoir envie de changer de boulot. Ce qui va probablement se faire d'ici le mois de mai de l'année prochaine.

CÔTÉ CŒUR

Vénus poursuit son long voyage en Lion et s'arrête ce mois-ci dans le 3e décan du signe, formant une rapide dissonance avec Uranus les premiers jours du mois. Cela ne devrait pas avoir de conséquence, **juste un jour ou deux où vous aurez besoin de recul,** peut-être parce que vous aurez un choix à faire concernant votre vie sentimentale, ou un voyage que vous devez faire. Mais par la suite, après le 9, Vénus s'éloignera d'Uranus et vous pourrez profiter des bons influx de la planète du cœur. **Vous aurez besoin d'aventure,** de voir autre chose, de fréquenter un autre univers, et cela correspondra, pour beaucoup, à d'agréables dépaysements, seuls ou à deux.

COMMENT POSITIVER ?

En période Cancer, tout vous semble soudain un peu plus compliqué que d'habitude parce que vous êtes plus exigeant, plus perfectionniste. Vous voulez être cent pour cent efficace, ne pas être gêné par vos émotions et pour ce faire, vous tentez de les ignorer, de faire comme si elles n'existaient pas. Le mieux serait au contraire de les accueillir et de vous en nourrir. Elles peuvent apporter beaucoup à votre créativité et à votre empathie vis-à-vis des autres.

À NOTER : la nouvelle Lune du Cancer se tient 17 dans le 3e décan de ce signe. Elle met l'accent sur les valeurs Cancer : l'imagination, la sensibilité, la tendance à s'inquiéter pour ceux qu'on aime. Cela ne durera pas longtemps, mais il se peut qu'un membre de votre famille ait une attitude qui vous tourmente, ou qu'il se soit éloigné (parfois définitivement, 1er décan) et qu'il vous manque.

SIGNE DU MOIS: LION

> 1er DÉCAN

Jusqu'au 10, Mercure et Saturne s'opposent, ce qui est ennuyeux pour plusieurs raisons. D'abord, si vous partez en vacances, il est possible que vous soyez obligé de **retarder votre départ d'une journée ou deux.** À moins que vous n'oubliiez quelque chose et que ce soit un réel problème. Mais votre travail peut aussi vous retenir, presque contre votre gré. Cela dit, Saturne étant rétrograde, on peut espérer que ce soit virtuel ; c'est-à-dire que **vous aurez peur d'oublier quelque chose** ou d'être retardé. Et cela peut être aussi désagréable que si ça arrivait vraiment. À partir du 23, c'est le Soleil qui s'opposera à Saturne et vous mettra le moral dans les chaussettes (deux jours).

> 2e DÉCAN

Peut-être êtes-vous de ceux qui travailleront en ce mois d'août ! En tout cas, Mars (planète du travail, des efforts) occupe votre secteur 10 de la réussite, des ambitions, et sera en harmonie avec Jupiter jusqu'au 11. **Vous ferez donc des efforts, dont vous pourriez être récompensé** (Jupiter). Néanmoins, Mars étant une planète de conflits, il n'est pas exclu que vous ayez à réagir contre votre hiérarchie qui abusera de son pouvoir et vous serez furieux. Et **un Sagittaire furieux sait se faire entendre !** Cela dit, Mars termine son aspect le 11, vous serez donc tranquille après cette date et pourrez alors prendre des vacances bien méritées ; sauf qu'il vous faudra probablement vous occuper d'un proche…

> 3e DÉCAN

Vous recevrez les influx de Mars à partir du 11 et jusqu'au 27, juste au moment où le Soleil vous enverra de bons influx, de ceux qui donnent envie de se dépasser, de montrer la meilleure version de soi. **Cela fait

penser à un entraînement sportif, répété quotidiennement... Toutefois, même si vous n'êtes pas sportif, vous aurez des efforts quotidiens à faire pour être à la hauteur de l'opinion que les autres ont de vous. Et ça ne sera peut-être pas du gâteau, parce que vous mettrez la barre assez haut : en effet, l'opinion des autres ne sera peut-être pas aussi exigeante que l'idée que vous vous en faites. Mais **il se peut que quelqu'un soit vraiment dur avec vous.**

CÔTÉ CŒUR

2e et 3e décans, vous recevrez des influx de Vénus rétrograde en Lion, donc peu active. Sauf au moment où elle croisera Jupiter, ce qui braquera les projecteurs sur elle et sur le bien-être que, normalement, elle devrait vous réserver. Ce sera à partir du 16 et jusqu'à la fin du mois : **mais il y aura de l'excès dans l'air.** Vous trouverez que l'autre exagère, qu'il ou elle vous demande trop et ne vous respecte pas comme vous devriez l'être... Ou alors c'est vous qui exagérerez, serez possessif et exigeant avec votre chéri/e. D'ailleurs, **ça risque d'être casse-pieds pour le 3e décan** entre le 4 et le 16, Vénus étant en mauvais termes avec Uranus. L'ambiance sera tendue et parfois au bord de la dispute avec votre partenaire, ou quelqu'un que vous aimez.

COMMENT POSITIVER ?

C'est une période où le mieux pour vous est de prendre de la distance, au propre comme au figuré. C'est-à-dire partir ailleurs, vous changer les idées et laisser les problèmes derrière vous (ce qui n'est pas toujours facile), mais vous aimez voyager et la période Lion se prête au dépaysement. Toutefois, pour ceux qui ont des relations difficiles en couple ou en famille, il serait bon de prendre du recul et de ne pas donner prise à l'autre. Essayez de ne pas polémiquer et surtout, de ne pas vous focaliser sur des détails.

À NOTER : la nouvelle Lune du 16 août a lieu dans le 3e décan du Lion et regardera votre 3e décan, qui reçoit Mars au zénith de son zodiaque. Il y a peut-être une décision à prendre, ou un travail à mettre en route. En tout cas, vous n'avez pas une impression de détente, de vacances. Au contraire, vous avez un problème à régler, ce n'est peut-être pas un gros problème, mais il vous prendra la tête.

Septembre

SIGNE DU MOIS: VIERGE

> 1ᵉʳ DÉCAN

Mars vous envoie des influx dynamiques pour vos projets jusqu'au 12 : vous commencez le mois en étant impatient de concrétiser l'une de vos idées et **il ne semble pas que vous ayez d'obstacle sur votre route.** Vous pouvez même demander de l'aide, vous l'obtiendrez. Quoi qu'il en soit, vous irez de l'avant et si vous ne vous mettez pas trop la pression, tout se passera bien, cette rentrée sera positive, Saturne étant rétrograde, donc moins active. Après le 23, le Soleil passera sur les traces de Mars et redonnera la priorité à votre projet, ou à **une relation professionnelle qui peut être nouvelle.** Elle pourrait évoluer en amitié.

> 2ᵉ DÉCAN

Ce sera d'abord le Soleil en Vierge qui vous regardera jusqu'au 12, une période où il faudra être sérieux, bien présenter et faire la preuve de votre investissement dans le travail. Ça vous ennuiera un peu, mais après le 12, Mars vous sortira de l'ennui, voire de la routine, **parce qu'on vous proposera un projet,** ou c'est vous qui aurez une idée que vous pourrez partager et qui fera l'unanimité. Certes, avec Mars il y a toujours une idée de combat, mais plus il faudra vous battre, plus vous serez motivé. Et, grâce à d'autres bons aspects, on peut penser que **vous atteindrez votre objectif assez facilement,** peut-être avec un aide efficace.

> 3ᵉ DÉCAN

La dissonance de Neptune est activée par le Soleil en Vierge, mais plutôt dans la 2e partie du mois. Si cet aspect est en lien avec **un**

problème de dépendance, les influx d'Uranus ont des chances de vous aider à vous détacher de ce dont vous êtes dépendant. Cela prendra le temps qu'il faut, mais vous y arriverez car c'est un défi et les défis, en général, vous savez les relever. Le problème c'est que par moments Neptune est décourageante, mais ne vous laissez pas avoir par le chant des sirènes, **croyez en vous, en votre force,** en votre détermination, c'est le plus important (né après le 17 décembre surtout).

CÔTÉ CŒUR

Vénus est toujours chez l'ami Lion et repart fort heureusement en marche directe le 4. C'est une bonne nouvelle car elle sera boostée par Mars et donc **porteuse de sentiments forts, intenses, que vous trouverez très agréables à vivre dans votre cœur et votre corps :** votre libido sera au top ! L'attrait physique sera aussi important que le côté sentimental (2e décan surtout et début du 3e en fin de mois). Cela dit, avec Mars, il est possible que vous alliez un peu trop vite en besogne, surtout si c'est une nouvelle rencontre. Pas de pression inutile. Toutefois, il peut aussi s'agir d'une relation à distance si vous avez rencontré la personne pendant les vacances.

COMMENT POSITIVER ?

Les qualités de la Vierge, dont vous pouvez vous inspirer ce mois-ci sont un peu le contraire des vôtres : sens du détail, de l'analyse, goût pour le travail bien fait, voire perfectionnisme. Cela vous arrive d'être soucieux de bien faire, mais surtout pour soutenir votre réputation et c'est ce que vous pouvez faire ce mois-ci. Montrez que vous avez un savoir-faire, de l'expérience, mettez-les en avant, surtout 1^{et} décan si vous cherchez du travail (après le 15).

À NOTER : la nouvelle Lune du 15 septembre se fait dans le 3e décan de la Vierge et regarde votre 3e décan. La Lune et le Soleil s'opposeront à Neptune et la situation de dépendance dont nous avons parlé sera au premier plan. En conséquence cette lunaison vous place face à vos responsabilités alors que vous avez essayé, longtemps, d'éviter ce problème que vous ne vouliez pas le voir parce que vous saviez que vous pouviez l'affronter, mais que cela vous demanderait des efforts particuliers...

Octobre

SIGNE DU MOIS: BALANCE

> 1er DÉCAN

Mercure, qui gère vos échanges sera chez l'ami Balance du 5 au 10, vos rendez-vous, échanges et démarches seront très prometteurs. Vous aurez une vision anticipatrice, **rien n'échappera à votre œil curieux et à votre sens critique très positif.** Vous ne vous critiquerez pas vous-même, vous détestez cela, mais vous verrez très vite ce qui cloche dans ce que les autres vous disent, et il faudra écouter votre instinct, il ne vous trompera pas. Quand vous rencontrerez des gens, votre première impression sera la bonne. Entre le 12 et le 26, prévoyez **une petite baisse de vitalité,** une volonté un peu diminuée, une tendance au laisser-aller.

> 2e DÉCAN

Le Soleil en Balance parle de projets, d'amitié, de solidarité et Mercure fera de même du 5 au 10. **Vous serez donc celui ou celle qui aura les meilleures idées pour aider les autres,** faire du social tous azimuts et, par ailleurs, vous projeter dans un futur pas si lointain, où l'un de vos projets pourrait se concrétiser. Mais vous aurez besoin d'aides, de soutiens, et comme vous êtes généreux quand il s'agit de donner un coup de main aux autres, **vous trouverez de l'aide sans difficulté.** Des collègues, ou des personnes avec lesquelles vous avez déjà travaillé pourraient répondre présent à votre appel. N'hésitez pas à les solliciter.

> 3e DÉCAN

Du 12 au 26, Mars sera en phase avec votre décan puisqu'elle sera elle aussi en Balance. Ce sera donc **la meilleure période de votre mois, qui se prolongera avec la présence du Soleil dans ce même**

secteur du 13 au 23. Il sera bien entendu question d'un projet, d'anticiper quelque chose, et d'être dans l'action sur le plan social. Vous aurez besoin de dépenser votre énergie en aidant les autres et d'ailleurs, il se peut que le projet qui vous occupera la tête concerne l'aide que vous, ou votre boîte, pouvez apporter aux autres, à des malades ou à des personnes qui ne sont pas en capacité d'agir parce qu'elles ont un handicap, par exemple.

CÔTÉ CŒUR

À partir du 9, Vénus occupera le signe de la Vierge un signe où elle n'est pas en dignité. D'abord, la Vierge est très cérébrale, pudique et réservée, alors que vous êtes tout le contraire. Vous serez gêné pour exprimer vos sentiments, ou n'éprouverez rien de spécial. De plus, Vénus se trouvera dans un secteur qui est lié à votre vie professionnelle et qui n'est donc pas très sentimental. En revanche, il est sûr que l'autre pourra compter sur vous si besoin est : vous vous couperez en quatre pour ceux que vous aimez, votre partenaire en particulier.

COMMENT POSITIVER ?

En étant un peu Balance ! C'est-à-dire en ayant l'esprit de conciliation et en étant diplomate en toutes circonstances. Plus vous prendrez les autres par les sentiments, plus vous aurez de chances d'atteindre vos objectifs. Le sens de la justice est aussi fort chez vous que chez la Balance, aussi aurez-vous l'occasion de rendre justice à quelqu'un, ou d'obtenir vous-même réparation si jamais on vous a fait du tort.

À NOTER : la nouvelle Lune aura lieu le 14 dans le 3ᵉ décan de la Balance, et regardera votre 3ᵉ décan. Elle ne fait pas d'aspect et éclaire votre secteur d'amitié, d'entraide et de projets. Elle accentue une ambiance déjà présente grâce au Soleil et à Mercure, vous pourrez donc aisément communiquer vos idées, et les partager avec ceux et celles qui pourront les promouvoir ou en faire quelque chose ! Vous obtiendrez les soutiens dont vous avez besoin.

Novembre

SIGNE DU MOIS: SCORPION

> 1er DÉCAN

Votre planète d'échanges, verbaux et commerciaux, sera chez vous entre le 10 et le 16, une bonne période pour faire des affaires – du commerce donc – ou pour échanger des idées, des opinions, et les imposer parce que vous serez plus convaincant que les autres. **Mais gare à la dissonance Mercure/Saturne (autour du 10) et surtout à celle du Soleil et de Mars avec Saturne quand ils rentreront chez vous le 22 du mois.** Cela correspondra à des séquences un peu négatives, ou votre courage légendaire ne pourra rien contre une peur qui sera, pour certains, irrationnelle car elle sera commandée par votre imagination.

> 2e DÉCAN

Mars occupera votre 12e secteur jusqu'au 10 et vous serez moins motivé par votre travail. Vous aurez du mal à aller au bout de vos entreprises, mais ce sera très passager. En société, il vous sera difficile de vous imposer comme vous le faites d'habitude, avec facilité, et vous ne pourrez pas disposer de votre énergie pour atteindre des buts personnels mais plutôt pour voler au secours des autres. **Du 16 au 23, c'est Mercure qui sera chez vous,** une période où votre charge mentale sera beaucoup plus légère et où vous pourrez en profiter pour échanger agréablement avec les autres ou faire une démarche administrative.

> 3e DÉCAN

Entre le 10 et le 24, ce sera à votre tour de recevoir les influx de Mars en Scorpion, votre secteur 12, et de ressentir de la fatigue, de la lassitude, un manque d'énergie face à la quantité de travail qui est la vôtre. Un imprévu risque de vous contrarier **vers les 10 et 11 novembre,** à moins que vous ne cassiez quelque chose par mégarde. **Du 25 au 30, Mercure sera dans votre décan** et formera une dissonance avec Neptune qui ne peut que correspondre à une erreur de jugement, une lecture ou un calcul erroné, ou encore à un mensonge que vous ferez ou qu'on vous fera. Ne vous laissez pas non plus duper par de trop belles paroles, très idéalistes.

CÔTÉ CŒUR

Le début du mois sera marqué par la présence de Vénus dans le 3e décan de la Vierge, en relation avec votre 3e décan. Elle n'y sera pas très à l'aise et vous non plus. **Vous ne pourrez pas vous laisser aller à vos sentiments,** ou ne voudrez pas, et serez dans le contrôle. Cela vous passera quand Vénus entrera en Balance le 9, où elle restera jusqu'au 4 décembre, chaque décan étant concerné à son tour. Très forte parce que dans son domicile, Vénus éclairera votre secteur amical et privilégiera les relations de ce type, ou en tout cas. Sortez, voyez vos amis, faites des rencontres, tout sera très positif.

COMMENT POSITIVER ?

La faculté du Scorpion à analyser les gens et les situations vous sera très utile face à vos clients ou face à des relations, voire à vos amis. Surtout si vous êtes du 3e décan : n'ignorez surtout pas le fait que tout le monde n'a pas forcément des bonnes intentions à votre égard et que faire preuve d'un excès de confiance peut se retourner contre vous. Mais vous avez déjà dû vous en apercevoir au cours de l'année ; il y a souvent des trahisons avec les dissonances de Neptune.

À NOTER : la nouvelle Lune du Scorpion aura lieu le 13 dans le 3e décan du signe, et sera en parfaite opposition avec Uranus, jetant ainsi un nouvel éclairage sur la question que soulève Uranus pour votre 3e décan. Il y a ceux qui veulent faire progresser leur boulot dans de nouvelles voies, utiliser de nouvelles techniques, ceux qui veulent apprendre un nouveau métier… Le dénominateur commun étant la notion de changement, d'évolution.

Décembre

SIGNE DU MOIS: SAGITTAIRE

> 1ᵉʳ DÉCAN

Mercure, votre planète d'échanges, qui gère aussi toute forme de négociation, entame une boucle en Capricorne, votre voisin immédiat. Elle sera dans ce signe du 1er au 23 du mois (rétrograde le 13) et **s'exprimera dans le domaine matériel de votre existence.** C'est-à-dire que ses compétences en matière de communication seront mises au service de votre argent, de la façon dont vous le gagnez, le dépensez et le placez. On parlera probablement de dépenses puisqu'il y a les fêtes en fin de mois et gare aux excès à partir du 9, vous déborderez d'énergie et de besoin d'action. Mais vous serez trop pressé, trop impatient et vous risquez de faire des bêtises.

> 2ᵉ DÉCAN

Entre le 9 et le 22, ce sera à votre tour de recevoir Mars dans votre décan et de vous sentir, parfois, sur des charbons ardents parce que vous serez impatient, pressé, peu enclin à accepter des délais, et encore moins des refus, d'où qu'ils viennent. **Mettez la pédale douce déjà à partir du 2, pendant la période de votre anniversaire.** Vous serez tenté, bien sûr, de faire la fête et chez vous cela prend toujours des proportions… Évitez les excès de nourriture et de boissons, tout ce qui est lié aux plaisirs étant encore plus attirant pour vous à partir du 9. Mais si vous êtes sportif, il est sûr que vous apprécierez la période entre le 9 et le 22. Les défis ne vous feront pas peur.

> 3ᵉ DÉCAN

Vous aussi vous recevrez Mars dans votre décan à partir du 22, et au même moment, Mercure rétrograde sera aussi chez vous. **Cela devrait être une période sympathique, mais du côté de vos**

comportements, ça ne sera pas idéal. En effet, les deux astres seront en dissonance avec Neptune et on notera, chez ceux nés après le 16 décembre, une tendance au laisser-aller, parfois à la négligence et même au déni face à des comportements qui se retournent contre vous parce que vous allez trop loin. Toutefois, étant donné que Mercure rétrogradera chez vous, vous aurez en tête les conseils raisonnables d'un proche, mais les appliquerez-vous ?

CÔTÉ CŒUR

À partir du 4 et jusqu'au 29, Vénus naviguera en Scorpion, où elle est en « chute », c'est-à-dire qu'elle ne joue pas son rôle normal. Elle est sous l'emprise de Pluton, planète du Scorpion et sa manière d'aimer ne vous convient pas. Elle développe en effet dans ce signe son côté possessif, ses excès dans le domaine des plaisirs et en même temps les doutes et les remises en question constantes propres au Scorpion. Sauf si vous vivez des amours secrètes, cette période ne sera pas propice à des amours sereines. Et la fin de l'année ne sera pas top pour le 1^{et} décan.

COMMENT POSITIVER ?

En étant le plus possible vous-même, c'est-à-dire optimiste, enthousiaste et très chaleureux. Cette version de vous est la version idéale, et bien entendu on ne la retrouve pas chez tous les Sagittaire, surtout ceux du 1^{et} décan qui reçoivent en ce moment la dissonance de Saturne. Mais prendre du recul et essayer de comprendre les leçons que la vie vous donne sera aussi une manière de positiver, même si ce que vous vivez ne l'est pas.

À NOTER : la nouvelle Lune du 12 décembre se forme dans le 3e décan de votre signe et se trouve en dissonance avec Neptune. Cette conjoncture braque un puissant projecteur sur ce qui ne va pas pour certains natifs de ce décan, qui vivent une relation de dépendance, qu'elle soit affective ou liée à une substance. Vous pouvez aussi être dans le déni face à une relation amicale qui abuse de votre gentillesse et qui fait tout pour que vous ne vous en aperceviez pas.

PARTIE II

Votre SIGNE astrologique

Vous, LE SAGITTAIRE

Vous êtes un signe de Feu (chaud et sec), enthousiaste et parfois envahissant. Le soleil traverse votre signe entre le 22 novembre et le 21 décembre. Il est dit « mutable », parce qu'il se situe avant le changement de saison qui aura lieu au Capricorne. Il est donc de même nature que les Gémeaux venant avant l'été, la Vierge avant l'automne et les Poissons avant le printemps. À la poursuite d'un inaccessible rêve, vous êtes avide de tout ! D'aventures, de sensations, de relations... Comme les autres signes de Feu, vous ne faites rien à moitié et avez le goût du risque. Et vous êtes aussi une personne extrêmement sympathique, généreuse et loyale. Les autres recherchent votre compagnie car vous savez les mettre à l'aise, les amuser, tout en restant très à cheval sur certains principes – les vôtres en particulier. Toujours d'excellente humeur, vous aimez avec passion la vie et les plaisirs qu'elle procure, vous classant ainsi sans équivoque dans la catégorie des bons vivants. Mais, à l'image de votre symbole astrologique (le centaure, mi-cheval, mi-homme), vous avez une nature double et bourrée de contradictions. À l'extrême, on peut vous imaginer aussi bien fonctionnaire dans l'administration, cherchant à grimper les échelons, qu'aventurier des terres lointaines... Dans tous les cas de figure, vous avez besoin d'espace et de mouvement pour vous développer, et ne supportez pas la médiocrité. La chance est souvent votre meilleure amie, la vôtre peut être insolente ! On vous reproche des comportements autoritaires et une tendance à esquiver ce qui vous ennuie.

Votre planète maîtresse est Jupiter. Vous devez donc examiner de près sa position et ses aspects.

> À L'ORIGINE

Quand on s'intéresse à l'astrologie, on ne peut ignorer qu'elle fonctionne par analogies et qu'elle doit beaucoup à la mythologie. Le centaure, qui vous représente, est mi-homme mi-cheval. Comme le souligne Joëlle de Gravelaine, vous êtes habité par une dualité qui est à l'origine de nombreuses contradictions. (Joëlle de Gravelaine, *Dieux et héros du zodiaque*, Robert Laffont, 1996.) D'un côté, on évoque un être primitif jouisseur, s'enivrant facilement, incapable de maîtriser sa part instinctive. De l'autre, la tradition nous livre quelques belles figures de centaures nobles, sages et dignes, maîtrisant leurs instincts et détenant un savoir qu'ils transmettent inlassablement, excellents pédagogues qu'ils sont. C'est le cas de Chiron, centaure éminemment bienfaisant, qui se révèle être un maître, un guide, un enseignant hors pair. Le maître du Sagittaire, Zeus-Jupiter lui-même, est un dieu ambivalent par excellence ; de même que Neptune-Poséidon, influent dans le signe, est lui aussi de nature très ambiguë. Il semble, toujours selon Joëlle de Gravelaine, que le natif du Sagittaire se doit de respecter sa part « cheval » et sa part « archer » : ne sacrifiez jamais l'une à l'autre, sous peine d'être coupé en deux !

> VOTRE PROFIL PSYCHOLOGIQUE

Chaque signe a sa façon bien à lui d'exister et représente un champ d'expérience particulier. Vous êtes Sagittaire parce que, au moment de votre naissance, le soleil (qui représente votre Moi idéal) traversait le signe du Sagittaire. Mais les autres planètes occupent d'autres signes parmi les douze qui composent le zodiaque et qui représentent des champs différents de l'expérience humaine. Planètes, secteurs et signes serviront tous votre nature Sagittaire. Le soleil représente donc votre idéal, ce vers quoi vous tendez, ce que vous vous proposez de réaliser. En Sagittaire, l'énergie solaire renforce le besoin d'ailleurs, et détache l'être du « petit » individualisme, le portant à aller vers le « grand » idéal collectif, social ou mystique. Pour le Sagittaire, le social l'emporte sur l'individuel, le lointain sur le proche, l'avenir sur le présent, le tout sur la partie. Son écrasant sens social peut, à l'extrême, produire une personnalité totalement identifiée à ce qui fonde la société, ses institutions et ses lois, et en faire quelqu'un d'arrogant, manifestant peu d'égards pour ceux qui l'entourent ! L'énergie du Sagittaire s'investit principalement dans le mental et le besoin de connaissance. Mais cette force mentale s'associe également à la force physique, puisque le natif est à la fois homme et animal. Le défi qui lui est lancé est d'utiliser son énergie à bon escient, de l'investir à la fois dans le mental et dans le physique afin de développer les pouvoirs qui vont avec, pour ensuite les harmoniser, les organiser et enfin les administrer. On trouve de grands sportifs chez les Sagittaire, simplement parce qu'ils aiment travailler leur corps, courir, se dépenser, sentir leurs muscles se développer, aller toujours plus loin et... gagner des médailles. Mais ils ne développent qu'une partie de leurs capacités mentales. On trouve également de grands penseurs, des philosophes, des théologiens qui vont exercer de la même manière, avec autant d'énergie, leur intellect et, pourquoi pas, remporter un prix Nobel (on aime les honneurs chez les Sagittaire !). Mais ils ne sont pas très forts en gym ! Le natif aime donc manier toutes sortes de pouvoirs. Mais jamais il ne s'installe, son besoin d'ailleurs le poussant malgré lui à avancer très vite – voire à ne pas tenir en place ! Il cherche à « étendre », à développer ce qu'il a, parfois au mépris de sa propre individualité. Le problème qui en découle étant que l'unité de sa personnalité profonde reste à faire, qu'elle est souvent « coupée en deux ».

> VOTRE VIE PROFESSIONNELLE

Le Sagittaire aime exercer son autorité, même s'il ne l'exprime pas directement ! Il a le goût du commandement et se révèle souvent un excellent entrepreneur. Il sait organiser et déléguer. Mais il manque parfois de diplomatie avec ceux qui l'entourent, le résultat étant plus important à ses yeux que les états d'âme des uns et des autres. Son travail ne doit surtout pas être monotone, ni lui donner l'impression d'être « enfermé » dans une fonction ou assigné à une place précise. Et quand il doit rendre des comptes à un supérieur, cela ne se passe pas très bien en général ! D'autant plus si on le remet en question : il se défend comme un beau diable et développe des arguments pour prouver qu'il a raison, même si on lui démontre le contraire. Même chose avec ses collaborateurs ou ses collègues : il veut avoir l'impression de les dominer. Et il arrive souvent à les convaincre de sa supériorité, grâce à la facilité avec laquelle il réussit à s'imposer et à grimper les échelons. Chez les plus « voyageurs », ceux qui ne tiennent pas en place, il y a souvent la nécessité d'esquiver les petits aléas de la vie de bureau. Les rapports avec l'étranger seront fréquents pour les sédentaires, qui pourront travailler dans des agences de voyages, ou communiquer fréquemment avec des collègues étrangers. Et ceux qui se dirigent vers l'enseignement ou une autre carrière intellectuelle auront le sentiment de voyager d'une façon différente. Le Sagittaire et le sport ont de belles affinités, comme nous l'avons vu, et s'il n'est pas un athlète au top, on le retrouvera professeur d'éducation physique ou s'occupant de chevaux. Mais l'art culinaire peut également le tenter.

> VOS DOMAINES DE PRÉDILECTION

traditionnellement, les métiers qui bougent et qui sont riches en contacts : hôtesse de l'air, pilote, voyageur de commerce, vendeur, commerçant... Les activités pédagogiques : professeur de philosophie, universitaire, prêtre, missionnaire. La politique vous attire, de même que la justice et les plus hautes fonctions de l'État. Mais vous pouvez également être séduit par l'édition, l'écriture, l'interprétariat (don pour les langues) et les carrières militaires.

> VOTRE PROFIL AMOUREUX

Vous êtes un amoureux empressé et fougueux, sujet au coup de foudre et très facilement séduit par le sexe opposé. C'est pourquoi l'on dit de vous que vous n'êtes pas d'une grande fidélité et que la stabilité n'est pas votre fort. Cependant, quand vous êtes très amoureux, vous vous donnez totalement à l'autre, dans un élan enthousiaste et une confiance totale. L'amour vous rend gai, et vous avez envie de partager votre bonheur avec tout le monde. Mais n'oublions pas votre dualité, et si une partie de vous est attachée au partenaire, l'autre partie a besoin d'air et ne veut pas se sentir enfermée dans le couple. Vous passez volontiers devant monsieur le maire, car vous avez besoin de légitimer les choses, mais les coups de canif au contrat ne font pas peur à certains d'entre vous, joyeusement transgressifs. Si votre partenaire se révèle jaloux et possessif, vous chercherez d'autant plus à lui échapper. La sexualité est vécue sur le même mode, avec autant d'exubérance que de naturel : vous ne vous compliquez les choses que si vous entretenez une ou plusieurs liaisons en parallèle... inconstant au début de votre vie, c'est précisément grâce à la diversité de vos expériences que vous arrivez finalement à tracer le portrait-robot de celui ou celle qui vous correspond le mieux, et à le rencontrer. Les rencontres tardives, chez les Sagittaire, sont les plus belles et les plus réussies !

> VOTRE VITALITÉ

il est clair que vous ne connaissez pas la mesure, que vous n'aimez pas avoir de limites, et que votre corps doit suivre ! Doté d'une formidable vitalité, surtout si vous êtes sportif, vous déployez une énergie considérable. D'ailleurs, vous avez toujours chaud : pas besoin de chauffage chez vous, les fenêtres restent ouvertes. Mais cela ne veut pas dire que vous brûliez toutes les calories que vous absorbez, car vous êtes généralement gros mangeur... Et vous avez le foie fragile, donc vous êtes sujet aux troubles digestifs. Vous avez intérêt à pratiquer un sport, ou à faire de l'exercice tout au long de votre vie, non seulement pour canaliser votre surplus d'énergie, mais aussi pour dépenser ce que vous consommez. Sinon, pas de mystère, vous grossissez. De plus, si vous ne bougez pas, ça coince côté circulation : vous êtes sujet aux varices et autres problèmes veineux, ainsi qu'à l'hypertension. Ces troubles sont souvent liés à votre état de stress, le Sagittaire étant très dépendant de ses humeurs et même sujet à de brusques accès de colère.

> VOS PRÉFÉRENCES ALIMENTAIRES

Bon vivant, nous l'avons dit, vous êtes particulièrement gourmand et faites honneur à la bonne vieille cuisine du terroir ou aux plats les plus exotiques. Vous êtes d'ailleurs un convive très apprécié, car vous semblez toujours satisfait de ce qu'on vous sert, et vous adorez amuser les autres. Vous avez très souvent une bonne histoire à raconter à la fin d'un repas, et vous savez la mettre en scène. Mais il arrive que vous mangiez trop vite, que vous ne soyez pas assez sélectif : trop de sauces, de plats riches et lourds qui ne peuvent que provoquer une somnolence digestive ! Quelques cours de diététique ne vous feraient pas de mal, en particulier pour faire baisser votre taux de cholestérol. Évidemment, en fonction de votre ascendant, ces tendances seront modulées : un ascendant Vierge, par exemple, sera plus enclin à se nourrir sainement.

> ANALOGIES DU SAGITTAIRE

• **Zones du corps** : le foie et les cuisses, de même que les poumons.
• **Planète maîtresse** : Jupiter, la géante du zodiaque ! Ce qui explique vos aspects « inflationnistes » et votre désir d'avoir de l'importance aux yeux des autres. Jupiter régissant également les lois, vous en serez le garant et vous poserez souvent en juge face aux autres.
• **Planète en exil** : Mercure, planète symbole du mental et de la communication. Elle vous manque quand l'animal l'emporte sur l'humain ! C'est-à-dire que dans ces moments-là, il est tout à fait impossible de vous raisonner et vous êtes capable des pires excès. Tant en paroles qu'en actes...
• **Plantes** : le citronnier, le bouleau, le mûrier, le chêne, le frêne, les airelles, la bourrache, les œillets, les myrtilles, le céleri, l'ail.
• **Couleurs** : pourpre et bleu foncé.
• **Pays et villes** : Australie, Espagne, Hongrie, Afrique du Sud, Yougoslavie, Tolède, Stuttgart, Budapest, Cologne, Avignon, Toronto, Naples.
• **animaux** : les chevaux, le gibier (le Sagittaire est chasseur).

> SAGITTAIRE CÉLÈBRES

Woody Allen, Pierre Arditi, Tyra Banks, Alain Bashung, Kim Basinger, Michel Berger, Jane Birkin, Sébastien Chabal, Jacques Chirac, Miley Cyrus, Béatrice Dalle, Rachida Dati, Emma Daumas, Kim Delaney, Julie Delpy, Walt Disney, Daniel Ducruet, Gustave Flaubert, Liane Foly, Jean-Pierre Foucault, Jean-Luc Godard, Élodie Gossuin, Jake Gyllenhaal, Daryl Hannah, Teri Hatcher, Katherine Heigl, Katie Holmes, Gérard Holtz, Vanessa Hudgens, Felicity Huffman, Francis Huster, Aimé Jacquet, Don Johnson, Milla Jovovich, Patricia Kaas, Christian Karembeu, Philippe Katerine, Caroline Kennedy, Thierry

Lhermitte, Bixente Lizarazu, Enrico Macias, John Malkovich, Jean Marais, Ariane Massenet, Maurane, Bette Midler, Alyssa Milano, Dominic Monaghan, Julianne Moore, Sinead O'Connor, Loïck Peyron, Stéphane Peyron, Édith Piaf, Brad Pitt, Britney Spears, Steven Spielberg, Kiefer Sutherland, Michel Tournier, Jean-Louis Trintignant, Tina Turner, Laurent Voulzy, Michaël Youn.

Votre ascendant

L'ascendant, ou Maison I, est calculé d'après votre heure de naissance et représente le point qui se lève à l'horizon au moment où vous voyez le jour. C'est-à-dire que si vous naissez à l'heure où le Soleil se lève, votre signe et votre ascendant sont les mêmes. Ensuite, l'ascendant se décale d'un signe toutes les deux heures sur la roue du zodiaque, dans le sens inverse des aiguilles d'une montre. Au contraire du Soleil, qui vous renseigne sur l'aspect dominant de votre personnalité, sur l'image idéale que vous voulez montrer de vous-même, l'ascendant représente vos comportements relationnels, la façon dont votre Moi s'est construit et dont vous utilisez votre potentiel. **Pour calculer votre ascendant: twelv.love**

ASCENDANT BÉLIER

Encore plus que les autres Sagittaire, vous avez une personnalité très énergique qui vous pousse à l'action. Vous extériorisez les nombreuses émotions qui vous assaillent, quelles qu'elles soient, et ne pouvez vous empêcher de les partager avec votre entourage. Le besoin de gagner, la rivalité et la compétition vous stimulent, à moins que Mars, qui gouverne votre ascendant, ne se trouve en Balance, ou gêné par Saturne. Dans ce cas, ce sont les autres qui vous stimuleront le plus souvent. Convivial et chaleureux, vous êtes aussi très « personnel » et désireux d'entreprendre en toute liberté. Votre autorité est rayonnante et impressionne les autres. Vous le savez et il vous arrive d'en abuser. Mais vous pouvez aussi faire autorité par vos compétences, votre savoir, et même être une référence, un guide pour les autres.

• **Vos atouts :** vous vous adaptez facilement à tous les environnements, et l'enthousiasme ne vous manque jamais. Vous êtes dynamique, décontracté et optimiste. Vous savez motiver vos partenaires, leur insuffler votre énergie et votre goût du risque. Vous adorez l'action sous toutes ses formes, le sport et autres activités stimulantes vous permettant de dépenser le trop-plein d'énergie qui est en vous et vous tient constamment en éveil. Vous partez toujours gagnant !

• **Vos difficultés :** vous vous mettez facilement en colère, surtout si l'on chatouille votre orgueil, mais cela ne dure jamais bien longtemps. Vous vous lassez rapidement quand il n'y a plus à conquérir, à lutter pour quelque chose. Et vous êtes trop susceptible !

• **Vos fragilités :** la tête (vous avez souvent des migraines), le surmenage (vous voulez trop en faire) et les problèmes de vue. Vos dents peuvent également être un souci.

Mars est votre maître d'ascendant, étudiez ses mouvements avec attention.

> VOTRE ÂME SŒUR

Selon votre signe et votre ascendant-descendant. Le descendant est le secteur opposé à l'ascendant et représente le monde des autres, les rencontres, les unions et associations… Votre descendant se trouvant en Balance, signe opposé et complémentaire du Bélier, vous avez besoin de relations apaisantes, d'un « repos du guerrier » ! Vos partenaires doivent être doux, aimants, attentionnés et pouvoir vous suivre… Ils doivent aussi posséder une force de caractère non exprimée afin que vous puissiez les respecter. S'ils ne savent pas vous fixer de limites, ils finiront par y laisser des plumes ! Ils seront donc Balance, ascendant Balance, auront la Lune ou Vénus dans ce signe, le plus équilibré du zodiaque, et seront capables de vous admirer de manière inconditionnelle. Mais vous vous entendrez bien également avec les membres de votre signe, ou ceux qui ont l'ascendant Sagittaire. Une entente qui pourrait vous conduire à travailler ensemble, ou à avoir de nombreux centres d'intérêt communs. Les Lion ou ascendant Lion seront peut-être les seuls à susciter votre admiration, mais ils vous voleront trop souvent la vedette à votre goût ! Les Gémeaux ou ascendant Gémeaux, tellement changeants et adaptables, vous attireront beaucoup, et la fantaisie du Verseau ou ascendant Verseau vous intriguera. Aussi indépendant que vous, il pourrait vous prendre dans ses filets !

ASCENDANT TAUREAU

Séduisant, sensuel, bon vivant, les qualificatifs sont nombreux pour décrire une personnalité fondée sur l'amour de la vie et sur le goût des bonnes choses. Ces tendances étant très accentuées, voire exagérées par votre Soleil en Sagittaire. Votre motivation de base est de posséder, garder, conserver et surtout d'avoir un maximum de confort. Que ce soit dans vos relations affectives ou sur le plan matériel, le moins que l'on puisse dire, c'est que vous n'aimez pas perdre, ni vous compliquer la vie. Vous avez cependant une part d'ombre, tout un pan de votre personnalité que vous n'aimez pas dévoiler et qui fait de vous un être plus mystérieux et secret que les autres Sagittaire. De plus, avec vous, la confiance n'est pas donnée : elle se gagne avec le temps. Le besoin de sécurité et de sérénité du Taureau est battu en brèche par les côtés aventuriers et audacieux du Sagittaire. D'où une contradiction que vous devez aménager pour trouver votre équilibre. Vous ne vous épanouissez que dans la certitude que rien ne va vous manquer, tout en ruant dans les brancards quand vous avez le sentiment de stagner. Et ce n'est pas la moindre de vos contradictions ! Les habitudes ont une certaine importance dans votre vie, dans la mesure où elles sont synonymes de sécurité, mais vous les bousculez facilement. Les voyages se font, dans votre cas, le plus souvent dans un fauteuil, grâce à un bon livre, ou devant un écran.

• **Vos atouts :** la créativité, le sens du beau et du bon, la solidité et ce formidable appétit de vivre qui vous rend très sympathique. Quand vous êtes motivé, vous pouvez également être patient (!) et attentif. Vous avez une grande facilité à gagner de l'argent, ou à faire fructifier vos acquis.

• **Vos difficultés :** des rythmes heurtés, lenteur alternant avec rapidité, un entêtement et une obstination qui peuvent agacer, et une totale mauvaise foi. Vous voulez toujours avoir raison.

• **Vos fragilités** : la gorge, les organes sexuels, la glande thyroïde. Et une nette tendance à prendre du poids !
Vénus est votre maître d'ascendant, étudiez ses mouvements avec attention.

> VOTRE ÂME SŒUR

Selon votre signe et votre ascendant-descendant. Le descendant est le secteur opposé à l'ascendant et représente le monde des autres, les rencontres, les unions et associations… Votre descendant étant en Scorpion, vous avez besoin de relations intenses et mouvementées. Elles doivent vous faire sortir de vos schémas habituels ! Vos partenaires seront mystérieux, voire dangereux, mais fermes et déterminés. Ils devront être passionnés, exclusifs, et n'avoir que vous en tête. La fidélité, la confiance et la communauté d'intérêts matériels seront la base de vos relations. Les personnes qui sont Scorpion, ascendant Scorpion, celles qui ont la Lune ou Vénus dans ce signe vous attireront donc particulièrement. Ensemble, vous entretiendrez des relations torrides, mais assez compliquées ! Vous vous entendrez également avec ceux ou celles qui sont Capricorne ou ascendant Capricorne, leur stabilité et leur sincérité n'étant pas à mettre en doute. Mais il est possible que vous les trouviez un peu rabat-joie, bien qu'ils aient de l'humour. La sensibilité et la sensualité des Cancer ou ascendant Cancer vous plairont, et celles des Poissons ou ascendant Poissons vous feront fondre de tendresse. Le bon sens et la prévoyance des Vierge ou ascendant Vierge seront également un facteur d'équilibre pour vous, bien que votre nature Sagittaire ne soit pas très séduite par ce signe trop « discipliné ».

ASCENDANT GÉMEAUX

Vous êtes rapide, mobile, toujours en mouvement et les sens en éveil. La curiosité est un des traits principaux de votre caractère, et c'est elle qui vous pousse à vous intéresser de très près à la vie de vos proches, probablement plus que le Sagittaire classique. Mais le monde qui vous entoure ne vous est pas indifférent. Vous avez en effet une véritable boulimie d'informations et voulez tout connaître, tout savoir. Vous maintenez cependant une distance qui vous permet d'exercer votre sens critique et d'avoir de l'humour. Celui-ci est votre meilleur allié, dans toute situation difficile, et vous êtes nombreux à vous en servir également comme d'une arme pour vous défendre de vos émotions. Votre ironie peut cacher bien des détresses… Le jeu sous toutes ses formes vous est aussi indispensable que l'air que vous respirez, de même que vous aimez vous déguiser ou endosser d'autres personnalités. C'est la raison pour laquelle vous faites souvent d'excellents comédiens, d'autant plus que votre identité n'est pas stable : elle est toujours en construction et il vous arrive de rester un éternel adolescent, sans cesse « sur la route », en quête de sensations fortes et de perceptions nouvelles. Ici et maintenant, là-bas et plus tard, vous oscillez sans cesse entre deux pôles contraires, et votre « travail » est de trouver un équilibre qui vous soit propre.

• **Vos atouts** : vous comprenez rapidement et apprenez très vite. Vous respectez l'indépendance des autres, tout comme vous souhaitez qu'on respecte la vôtre. Vous êtes doué pour pas mal de choses et capable d'exercer plusieurs activités en même temps.

• **Vos difficultés** : elles sont le revers de vos qualités : vous avez tendance à vous disperser et avez du mal à vous concentrer. Vous donnez aussi une impression de légèreté, et vos proches ont souvent le sentiment que vous ne les aimez pas assez, ou que vous êtes indifférent. Côté boulot, bien que vous soyez indépendant, il vous est souvent plus facile de travailler en équipe ou en tandem. Vous avez besoin de l'approbation d'autrui pour vous sentir en confiance, et quand vous l'obtenez, vous êtes capable de grandes choses !

• **Vos fragilités :** le système respiratoire, les bronches, les poumons, ainsi que les mains.

Mercure est votre maître d'ascendant, étudiez ses mouvements avec attention.

> VOTRE ÂME SŒUR

Selon votre signe et votre ascendant-descendant. Le descendant est le secteur opposé à l'ascendant et représente le monde des autres, les rencontres, les unions et associations... Votre descendant étant dans votre propre signe, le Sagittaire, signe opposé et complémentaire du Gémeaux, vos relations amoureuses seront marquées par une communauté d'idées et d'intérêts. Vous fonctionnerez avec l'autre comme une sorte d'équipe gagnante... Vous aurez besoin de partenaires qui ont de l'importance dans leur milieu, qui vous permettent de changer fréquemment d'univers et d'avoir une vie sociale animée. Ils devront vous faire « voyager », autant dans la réalité que dans votre tête. Bref, s'ils vous ressemblent un peu, ce sera l'idéal ! Les personnes de votre signe, les ascendant Sagittaire et toute personne ayant la Lune ou Vénus dans votre signe seront donc parmi les élues. Mais dites-vous qu'à trop se ressembler, on ne cultive pas de différences enrichissantes. Vous vous entendrez également très bien avec les Bélier ou ascendant Bélier, car vous admirerez leur courage et leur esprit d'entreprise. Les Lion ou ascendant Lion vous épateront et arriveront même à vous bluffer... Les Balance ou ascendant Balance vous séduiront terriblement ainsi que les Verseau ou ascendant Verseau, dont la fantaisie et la créativité vous surprendront. Les signes les plus différents de vous sont assurément les Poissons et la Vierge.

ASCENDANT CANCER

Il vous arrive de donner une apparence de fragilité et d'immaturité qui touche les autres et suscite l'envie de vous prendre en charge. Mais quelle erreur ! En effet, vous voulez tout diriger, tout organiser afin de mieux canaliser l'inquiétude qui est en vous. C'est pourquoi vous vous montrez si protecteur et tendre avec ceux que vous aimez : vous avez peur pour eux. Votre entourage familial est l'axe principal autour duquel vous vous développez, il est le point d'ancrage de l'éternel voyageur que vous êtes, tout en étant souvent un frein aux plus conventionnels d'entre vous, à ceux qui font plus souvent appel à leur raison qu'à leur instinct. A priori, l'effort et le travail vous sont essentiels, que vous soyez intellectuel ou sportif, et vous êtes particulièrement efficace dans vos activités. En toute circonstance, même dans votre vie professionnelle, vous avez besoin d'avoir un clan autour de vous et d'organiser la vie de tous suivant vos principes à vous. Sujet à des hauts et des bas de l'humeur, vous êtes têtu et tenace, ayant sans cesse besoin d'aller au-delà des objectifs que vous vous êtes fixés, ou qu'on vous a donnés.

• **Vos atouts** : vous êtes capable d'une grande tendresse et de beaucoup de gentillesse. Vous avez de l'intuition et un maximum de sensibilité, ce qui vous permet de sentir les autres, de les deviner. Par ailleurs, votre imaginaire est florissant et nourrit votre créativité. Vous êtes gourmand et généralement bon cuisinier. L'enfant qui est resté en vous n'est jamais très loin, et vous êtes capable de naïveté, voire de crédulité.

• **Vos difficultés** : en dehors de votre sensibilité et de vos sautes d'humeur pas toujours faciles à vivre, vous êtes souvent trop émotif et susceptible. Quand on n'est pas d'accord avec vous, il vous arrive de vous refermer comme une huître et de bouder dans votre coin.

• **Vos fragilités** : principalement le système digestif et toute maladie psychosomatique liée à un excès d'émotivité. La Lune est votre maître d'ascendant, étudiez-la avec attention.

> VOTRE ÂME SŒUR

Selon votre signe et votre ascendant-descendant. Le descendant est le secteur opposé à l'ascendant et représente le monde des autres, les rencontres, les unions et associations… Vous avez le descendant en Capricorne, ce qui signifie que vos relations amoureuses sont un vrai parcours du combattant ! Vous recherchez la stabilité, tout en la rejetant inconsciemment quand elle se présente ! Ce n'est qu'après bien des expériences que vous parvenez à accepter de vous fixer… En général, vos partenaires sont plus âgés que vous ou ont une maturité dont vous avez besoin pour vous sentir en sécurité. Mais ils ne sont pas forcément aussi communicatifs que vous et vous êtes obligé de l'être pour deux ! Ce qui n'est pas vraiment un problème… Les Capricorne, les ascendant Capricorne et toute personne ayant la Lune ou Vénus dans ce signe seront votre premier choix, ils auront de l'expérience et vous prendront comme vous êtes. Mais vous les apprécierez mieux quand vous aurez vous-même acquis de la maturité. Vous vous entendrez également très bien avec les Taureau ou ascendant Taureau : c'est leur sensualité, leur goût pour le confort et la vie facile qui vous attireront. Avec les Vierge ou ascendant Vierge, ce sera un mariage de raison, mais cela n'exclura pas une belle complicité. Avec les Scorpion ou ascendant Scorpion, le romantisme est assuré, de même qu'avec les Poissons ou ascendant Poissons.

ASCENDANT LION

Vous avez du goût et appréciez la beauté sous toutes ses formes. Théâtre, cinéma et autres activités liées à l'image sont souvent parmi vos loisirs ou même parmi les métiers que vous choisissez. Par ailleurs, votre physique est souvent remarquable, ou vous vous arrangez pour qu'il le soit ! Mais si les apparences vous séduisent, elles ne vous empêchent pas d'aller au-delà du miroir, comme tout Sagittaire qui se respecte. L'orgueil et l'amour-propre dominent également votre caractère, ce qui vous donne envie de dépasser tout le monde dans votre travail, d'être le premier dans le cœur de l'autre et d'avoir l'exclusivité. Votre créativité trouve à s'exprimer dans le couple et surtout dans la maternité, ou la paternité. Avoir des enfants est essentiel, et vous prenez leur éducation très à cœur, tout en vous montrant souvent trop directif avec eux ! Votre autorité naturelle impressionne, certes, mais vous devez faire attention à ne pas verser dans l'autoritarisme avec ceux qui vous entourent. Veillez également à ne pas exiger d'eux plus qu'ils ne peuvent vous donner. Si vous n'avez pas d'enfant, c'est dans votre vie professionnelle que vous développerez le mieux vos talents créatifs, et votre sens de l'organisation y fera merveille. Mais n'oubliez jamais de garder du temps pour vos loisirs et pour le jeu, qui vous détend. Le sport devrait également faire partie de votre quotidien, vous avez de l'énergie à dépenser !

• **Vos atouts :** vous êtes honnête, loyal, droit et l'on peut vous faire confiance, vous avez le sens des responsabilités. Vous avez également le sens des valeurs, et adoptez des modèles qui vous servent de référence. Vous êtes aussi d'une grande générosité, allant jusqu'à la largesse chez certains.

• **Vos difficultés :** on vous reprochera une certaine autosatisfaction, de la vanité, une grande sensibilité aux compliments, aux honneurs, à la flatterie. Bref, tous les petits travers du Lion, qui a tant besoin d'être regardé et de s'affirmer. Les aspects un peu « théâtraux » de votre personnalité vous poussent à tout exagérer pour en mettre plein la vue. Cela dit, si vous êtes comédien, on ne vous reprochera pas cette tendance !

• **Vos fragilités :** le cœur, le dos, la vue.

Le Soleil est votre maître d'ascendant, étudiez ses mouvements avec attention.

> VOTRE ÂME SŒUR

Selon votre signe et votre ascendant-descendant. Le descendant est le secteur opposé à l'ascendant et représente le monde des autres, les rencontres, les unions et associations… Très sentimental, vous savez donner de l'amour et mettez l'objet de votre flamme sur un véritable piédestal. Mais cette idéalisation prend fin à la première déception, qui n'est souvent qu'un détail sans grande importance pour le commun des mortels ! La « maison du bonheur » est très importante à vos yeux, et vous y apportez un soin particulier, même si vous êtes un homme : vous choisissez soigneusement tout ce qui en fait le décor, ne laissant pas à l'autre le loisir de s'exprimer sur ce sujet ! Votre descendant étant en Verseau, vous avez besoin de partenaires aussi généreux que vous et qui vous incitent à vous dépasser. Ils doivent avoir de l'originalité et surtout vous devez pouvoir les admirer. Ils doivent aussi faire preuve d'indépendance et ne pas vous étouffer. Les Verseau, les ascendant Verseau et toute personne ayant la Lune ou Vénus dans ce signe auront donc la priorité, mais ils ne se plieront pas facilement à votre autorité ! Les Gémeaux ou ascendant Gémeaux vous amuseront et vous apprécierez leur facilité à rebondir. Les Balance ou ascendant Balance seront d'adorables compagnons, ou compagnes, pour leur grande délicatesse. De plus, vous aurez en commun un sens esthétique très exigeant. Les membres de votre signe, ou ceux qui ont l'ascendant Sagittaire, pourront aussi faire partie de vos choix. Et n'oubliez pas les Bélier, des partenaires dynamiques et désirants…

ASCENDANT VIERGE

Votre potentiel mental, votre sens de l'analyse et de la synthèse sont vos principaux atouts, mais votre nature Sagittaire n'apprécie pas toujours les aspects trop méthodiques, la modestie et le manque d'ampleur de la Vierge ! Vous aimeriez certainement voir plus grand, vous déployer davantage, mais quelque chose vous retient : la raison et le contrôle que vous exercez sur vous-même ! Votre personnalité est structurée autour de votre pensée, laquelle prend souvent trop de place : vous lui accordez plus d'importance qu'aux manifestations en provenance de votre corps. Toutefois, il arrive que vous soyez hypocondriaque et que votre santé soit très fréquemment l'objet de vos pensées : certains s'écoutent trop ! La Vierge se mettra cependant à votre service pour toute opération nécessitant de l'organisation et de la stratégie : vous serez alors d'une efficacité redoutable, tout en veillant à ne pas empiéter sur le territoire des autres et à ne pas faire d'histoires. Si on vous reproche un certain manque de fantaisie, on ne peut pas passer à côté de votre humour. Vous avez également de la distance par rapport aux choses et vous vous montrez extrêmement critique ! Tout ce qui est de l'ordre des émotions se révèle envahissant et vous avez du mal à les exprimer de manière directe : vous attendez qu'on vous devine. Plus délicat et prévenant que les autres Sagittaire, vous êtes capable de petites attentions touchantes.

• **Vos atouts :** fidélité, honnêteté scrupuleuse et goût du travail bien fait font de vous une personne fiable. Vous êtes raisonnable (trop), sérieux dans tout ce que vous faites et votre modestie naturelle freine votre autorité Sagittaire. Vous avez des accès d'audace qui peuvent se révéler payants !

• **Vos difficultés :** vous êtes parfois timide, inquiet, une personne soucieuse qui ne se détend que très rarement et qui ne se fait pas confiance. Votre entourage vous reproche d'ailleurs votre nervosité, et votre extrême vigilance vous empêche d'avoir un sommeil réparateur. Vous avez des côtés naïfs qui peuvent se retourner contre vous.

• **Vos fragilités :** les intestins principalement, ainsi que toute maladie d'origine nerveuse.

Mercure est votre maître d'ascendant, étudiez ses mouvements avec attention.

> VOTRE ÂME SŒUR

Selon votre signe et votre ascendant-descendant. Le descendant est le secteur opposé à l'ascendant et représente le monde des autres, les rencontres, les unions et associations... Votre descendant étant en Poissons, signe opposé et complémentaire de la Vierge, vos relations affectives sont souvent de nature fusionnelle. L'autre doit vous donner le maximum et le couple doit fonctionner comme une unité. Vous avez besoin de partenaires sensibles et intuitifs, qui vous devinent et ne mettent pas votre pudeur à mal. Les relations doivent vous faire penser, fantasmer : plus on vous échappera, plus vous vous poserez de questions et plus vous serez amoureux ! Ce qu'un Poissons, un ascendant Poissons et toute personne ayant la Lune ou Vénus dans ce signe sauront parfaitement faire, car ce signe n'a pas son pareil pour se faire aimer et se dérober ensuite. Il sera un vrai défi pour vous ! Alors qu'avec un Scorpion ou ascendant Scorpion, vous aurez des relations plus complices : son émotivité vous obligera à être à l'écoute de la vôtre. Mais les Cancer ou ascendant Cancer vous toucheront et provoqueront en vous des sentiments intenses. Pareil avec les Taureau ou ascendant Taureau : ils vous échaufferont les sens ! Toutefois, ils ne seront pas assez mobiles à votre goût. Vous pourriez aussi être attiré par les Capricorne ou ascendant Capricorne, votre ascendant appréciant particulièrement les aspects rassurants de leur personnalité, et le Sagittaire étant sensible à leur ambition et à leur humour.

ASCENDANT BALANCE

Charmant, séduisant, esthète dans l'âme, vous avez essentiellement besoin de relations avec les autres. La solitude est ce qui vous effraie le plus, de même que la peur d'être abandonné ou rejeté. Très tôt dans votre vie, vous savez que vous n'atteindrez votre équilibre que lorsque vous aurez trouvé l'âme sœur. Même dans votre travail, vous avez besoin de faire équipe, de vous associer, car vous ne voyez pas l'intérêt de réussir tout seul. Toutefois, votre côté Sagittaire vous pousse, sans que vous vous en rendiez compte, à prendre le commandement et à vous attribuer personnellement les mérites qui reviennent à tous les membres de votre équipe. Ce qui peut créer des tensions avec vos partenaires ! Mais comme vous n'aimez pas les rapports de force, vous développez très tôt des qualités de diplomate qui vous servent à maintenir l'harmonie et à esquiver les conflits. Par ailleurs, vous êtes attiré par toutes les formes d'expression artistique : musique, danse, peinture font partie de votre équilibre. Les échanges sont également votre priorité et vous êtes très doué pour convaincre. Comme on dit : vous avez la « tchatche » ! Les méchants diront que vous êtes baratineur, séducteur, que vous promettez beaucoup et que vous ne tenez pas toujours ! Vos dispositions optimistes attirent la chance et vous recevez fréquemment de petits coups de pouce du destin. Curieux, vous aimez vous cultiver et appréciez la lecture. Vous êtes quelqu'un de plus raffiné que le Sagittaire classique et, dans le domaine du plaisir, savez autant apprécier la quantité que la qualité. Les rapports avec les proches, les frères et sœurs si vous en avez, pourraient avoir un impact sur votre vie.

• **Vos atouts :** votre rapidité d'esprit et votre adaptabilité. De plus, vous êtes de bon conseil et savez révéler aux autres ce qu'ils ont de mieux. Vous avez l'art de recevoir, de tenir une jolie maison et de donner du plaisir à ceux qui vous entourent.

• **Vos difficultés :** vous êtes hésitant, avez du mal à faire un choix et à prendre une décision tranchée. Vous êtes parfois naïf, et votre spontanéité exagérée peut vous mettre dans des situations embarrassantes. Vous êtes également trop pressé !

• **Vos fragilités :** les reins surtout, ainsi que la peau et la vésicule biliaire.

Vénus et Saturne sont vos planètes maîtresses, étudiez-les avec attention.

> VOTRE ÂME SŒUR

Selon votre signe et votre ascendant-descendant. Le descendant est le secteur opposé à l'ascendant et représente le monde des autres, les rencontres, les unions et associations… Vivre avec vous est facile, vous vous adaptez à tout. Vous adorez partager vos émotions et exprimez vos sentiments avec ferveur. Votre descendant étant en Bélier, signe opposé et complémentaire de la Balance, vous recherchez des relations intenses et qui stimulent la passion qui est en vous. Vous tombez d'ailleurs sur des partenaires actifs, décideurs et enthousiastes. Dans l'idéal, vous devez pouvoir faire équipe avec eux et tout partager. De leur côté, ils doivent vous donner l'envie de vous dépasser. Un Bélier, un ascendant Bélier, ou toute personne ayant la Lune ou Vénus dans ce signe, seront probablement votre premier choix ; vous leur laisserez volontiers l'initiative de la relation, mais des problèmes d'autorité risquent de se poser rapidement, même si la Balance qui est en vous sait les désamorcer ! Les membres de votre signe ou qui ont l'ascendant en Sagittaire pourront aussi vous plaire, ainsi que les Lion ou ascendant Lion, qui seront de bons compagnons de route. Toutefois, comme avec les Bélier, votre autorité se heurtera à la leur. Les autres signes d'Air, Gémeaux ou ascendant Gémeaux et Verseau ou ascendant Verseau, seront également parfaits pour faire le chemin avec vous.

ASCENDANT SCORPION

Volontiers secret, pour ne pas dire renfermé, vous êtes profondément déterminé à donner corps à vos désirs. Vos impulsions sont très fortes et votre détermination n'a d'égale que votre volonté de toujours progresser et votre refus de la médiocrité. Volontiers dominateur, orgueilleux, vous n'exprimez pas toujours votre autorité de manière directe : vous aimez influencer les autres, et y parvenez grâce à votre connaissance innée de ce qu'ils ont en eux, de ce qu'ils veulent cacher. Cela ne vous empêche pas de vous auto-analyser, ce qui vous conduit parfois à un excès de lucidité et au désenchantement. Le monde peut vous paraître merveilleux, mais vous le trouvez le plus souvent décevant, car beaucoup de comportements humains vous paraissent malhonnêtes et faux. Votre recherche de pureté et d'authenticité, votre refus des faux-semblants se heurtent à une réalité dont vous ne vous accommodez pas facilement et le conformisme du Sagittaire risque de vous empêcher de croire à une amélioration des choses ! Toutefois, si le Sagittaire prend le pas sur le Scorpion, vous serez certainement moins pessimiste sur la nature humaine ! La tendance naturelle aux excès et à la démesure propre à votre signe solaire peut aussi être accentuée par l'exigence et les côtés entiers du Scorpion : attention à ne pas exagérer côté gourmandise, boissons, etc. En revanche, sur le plan matériel, vous aurez des facilités à gagner de l'argent et à faire fructifier vos acquis.

• **Vos atouts :** la persévérance, le fait que vous ne lâchez jamais prise, et un sens de l'humour très corrosif. C'est un cocktail de choc qui vous permet, le plus souvent, d'atteindre les buts que vous vous êtes fixés. Vous êtes extrêmement séducteur, mais toujours honnête avec vos conquêtes !

• **Vos difficultés :** la jalousie et la peur d'être trahi. On vous reproche aussi votre sens du secret, votre besoin de rivaliser, d'avoir le dessus sur les autres et de contrôler votre entourage.

• **Vos fragilités :** les organes sexuels, ainsi que les intestins.

Pluton et Mars sont vos planètes maîtresses, étudiez-les avec attention.

> VOTRE ÂME SŒUR

Selon votre signe et votre ascendant-descendant. Le descendant est le secteur opposé à l'ascendant et représente le monde des autres, les rencontres, les unions et associations... Votre descendant étant en Taureau, signe opposé et complémentaire du Scorpion, vos relations doivent être fondées sur un amour inconditionnel, sur la fidélité et le respect de l'engagement pris. La sexualité a de l'importance pour vous, elle est le ciment de votre couple. Mais les intérêts matériels ont également leur rôle à jouer... Vous recherchez des partenaires doux, tendres et fidèles, qui vous sécurisent et n'utilisent pas vos faiblesses pour en faire leurs propres forces. Le désir doit toujours être présent entre vous. Les Taureau ou ascendant Taureau, ceux qui ont la Lune, voire Vénus dans ce signe seront certainement parmi vos partenaires favoris, ils sont les plus sensuels du zodiaque et les plus fidèles également. Mais ils sont un peu trop casaniers pour votre nature Sagittaire ! Même scénario avec les Capricorne ou ascendant Capricorne : ils ont de l'humour tout en ayant le sérieux et la solidité requis, mais ils ne communiquent pas assez. Les Vierge ou ascendant Vierge, méthodiques et organisés, attireront votre côté Scorpion mais « étoufferont » votre nature Sagittaire. Avec les Poissons ou ascendant Poissons, le courant passera bien, de même qu'avec les Cancer ou ascendant Cancer, ces signes d'Eau étant en harmonie avec votre ascendant Scorpion.

ASCENDANT SAGITTAIRE

Les tendances de votre signe sont bien entendu accentuées par votre ascendant. Reste à savoir quelle position celui-ci occupe par rapport à votre Soleil : avant ou après ? Avant, vous serez hyperdynamique et entreprenant ; après, vous serez plus réceptif, plus intuitif et sensible que le Sagittaire typique…

> VOTRE ÂME SŒUR

Selon votre signe et votre ascendant-descendant. Le descendant est le secteur opposé à l'ascendant et représente le monde des autres, les rencontres, les unions et associations… Votre descendant étant en Gémeaux, signe double opposé et complémentaire du Sagittaire, vos relations seront très diverses ; vous apprécierez les personnes vives, jeunes d'esprit, et qui s'adaptent à tout. Elles devront vous laisser votre liberté d'action et accepter les débats d'idées où, nécessairement, vous aurez raison !… Vous avez besoin de partenaires fantaisistes, ayant de la curiosité, le goût du jeu et beaucoup d'humour. Cet être multiple qu'est le Gémeaux, l'ascendant Gémeaux et toute personne ayant la Lune ou Vénus dans ce signe vous conviendra parfaitement, car il n'est jamais le même et il n'est pas toujours très exigeant côté petites attentions ; il saura éloigner l'ennui et la morosité que vous redoutez plus que tout ! Il est d'ailleurs lui-même aussi cérébral que vous et protège son indépendance. Les Verseau ou ascendant Verseau sauront également vous séduire, leur liberté de pensée et leur refus des conventions vous épateront. Les Bélier ou ascendant Bélier vous feront craquer : ensemble, vous serez capables de renverser les montagnes. Avec les Lion ou ascendant Lion, il y aura de nombreux centres d'intérêt en commun. Par ailleurs, vous ne serez jamais indifférent au charme et à l'équilibre des Balance ou ascendant Balance.

ASCENDANT CAPRICORNE

Autantvous êtes solide et stable dans vos affections, vous sentant responsable des autres ou des tâches que l'on vous confie, autant vous manquez parfois de confiance en vous. Mais le Sagittaire étant dans la confiance, vous avez à certains moments un sentiment de toute-puissance, l'impression que vous pouvez accomplir de grandes choses, tandis qu'à d'autres vous vous trouvez nul. Avant tout, vous craignez l'échec et avez peur de déplaire en vous imposant de manière trop évidente, la crainte de ne pas être accepté étant la source de vos problèmes. Mais quand vous vous êtes fixé un but, votre détermination et votre persévérance sont imbattables et il est difficile de se mettre en travers de votre route. D'ailleurs, votre ambition est le plus souvent au premier plan, le besoin de gravir l'échelle sociale et de réussir par tous les moyens étant votre carburant quotidien. C'est elle qui vous pousse à vous dépasser… D'apparence froide et sans affect, vous avez beaucoup plus de sensibilité et d'émotivité qu'on ne le pense généralement. Simplement, vous les dissimulez sous des côtés bourrus ou derrière une apparente indifférence. Mais quand on va au-delà de vos défenses, on découvre une nature tendre, pleine d'humour et de capacité à se mettre à la place des autres. Toutefois, si vous êtes de ceux qui sont dévorés par l'ambition, on vous reprochera plus d'une fois de jouer au bel indifférent… Gros travailleur, vous aimez affronter les difficultés et n'accordez de valeur aux choses que si vous avez lutté pour les obtenir. Toute idée de facilité est étrangère au Capricorne, ce qui n'est pas le cas du Sagittaire ! D'où des contradictions profondes… La peur de l'échec est chez vous un puissant moteur qui peut autant vous freiner que vous faire avancer.

• **Vos atouts :** une indéfectible fidélité et un sérieux qui font de vous la personne sur qui l'on peut compter en toute circonstance. Votre sens des réalités et votre détermination s'ajoutent à une ambition parfois sans limites, servie par votre énergie Sagittaire. Vous savez parfaitement où vous allez, et comment y arriver.

• **Vos difficultés :** un excès de froideur ou de réserve, des difficultés à communiquer dans le couple, et un trop grand respect des conventions.

• **Vos fragilités :** les os et la peau.

Saturne est votre maître d'ascendant, étudiez ses mouvements avec attention.

> VOTRE ÂME SŒUR

Selon votre signe et votre ascendant-descendant. Le descendant est le secteur opposé à l'ascendant et représente le monde des autres, les rencontres, les unions et associations…

Vous vous protégez de votre sensibilité, mais quand vous aimez, vous êtes capable de beaucoup donner… Parfois même de sacrifier votre temps et pas mal de votre énergie à l'élu de votre cœur. Probablement pour être conforme à l'image idéale que vous vous faites de vous-même ou pour être à la hauteur de ce que vous croyez que l'autre attend de vous… Mais vous vous apercevez, avec le temps, que vos partenaires n'en demandent peut-être pas tant et que vous faites fausse route… En amour aussi vous craignez l'échec, ce qui peut vous empêcher, au début de votre vie, de vous investir à fond dans une relation. Il peut même y avoir une forme d'errance affective, tant que vous n'avez pas réalisé que vous êtes trop sélectif… Votre descendant étant en Cancer, vous avez besoin de partenaires qui vont savoir percer vos défenses à force de tendresse et d'attentions. Les Cancer ou ascendant Cancer sont particulièrement indiqués, car ils ont un côté enfantin qui vous fera craquer. Vous vous sentirez investi d'une mission avec eux ! Mais la sensibilité et la sensualité des Poissons ou ascendant Poissons vous feront fondre également. Vous vous entendrez bien par ailleurs avec les Taureau ou ascendant Taureau, aussi solides et fidèles que vous, ainsi qu'avec les rassurantes Vierge (ou ascendant Vierge) ; mais votre couple pourrait manquer de fantaisie. Les Scorpion ou ascendant Scorpion ne vous laisseront jamais indifférent, tant ils sont magnétiques et fascinants.

ASCENDANT VERSEAU

Une grande liberté de comportement et une forte indépendance vous caractérisent. Plus que les autres Sagittaire, vous avez besoin d'air et d'espace ; si on vous étouffe, vous prenez rapidement le large ! D'ailleurs, vous avez une sacrée bougeotte… Pour vos proches, vous êtes une énigme, car vous êtes capable d'une grande distance, d'une certaine froideur, alors que vous avez essentiellement besoin de relations pour vous sentir exister ! Enthousiaste et dynamique, bourré d'idées toutes plus originales les unes que les autres, il vous arrive d'être angoissé par l'avenir et surtout d'être paralysé par la peur de ne pas plaire. Toutefois, dans certains cas, celle-ci peut vous servir de moteur, et vous développez alors un talent particulier qui a des chances de vous mettre sur le devant de la scène ! Vous avez en effet l'art de vous spécialiser dans des domaines où il n'y a pas beaucoup de monde ! La plupart du temps, votre créativité et votre intérêt pour les autres vous permettent de vous équilibrer et de chasser vos démons intérieurs. Mais le danger que vous courez est d'être tellement projeté dans l'avenir que vous risquez de ne jamais vivre le présent… De plus, l'utopie risque de vous conduire sur des chemins de traverse, car si vous fourmillez d'idées et d'astuces, vous manquez parfois de suite dans les idées et n'allez pas toujours au bout de vos entreprises. Vous êtes le roi des projets géniaux… qui partent le plus souvent en fumée si vous n'avez pas derrière vous un groupe d'amis ou des relations toutes dévouées à votre cause et qui vous remettent de temps en temps les pieds sur terre ! Vous aimez agir dans l'urgence, sous la pression et dans l'enthousiasme. Si vous vous associez professionnellement, les choses se passent bien au début, mais vous vivez rapidement comme une contrainte les engagements que vous avez recherchés dans un premier temps !

• **Vos atouts :** une profonde humanité qui fait de vous l'ami idéal. Vous ne pouvez pas vivre sans partager ce que vous expérimentez, ni le diffuser autour de vous. Par ailleurs, votre sens de l'anticipation fait de vous une personnalité toujours en avance sur les autres.

• **Vos difficultés :** un esprit de contradiction qui peut être agaçant pour vos proches. Le fait de n'être jamais là où l'on vous attend et le refus des conventions. Une tendance à sauter beaucoup trop vite aux conclusions.

• **Vos fragilités :** le système endocrinien et le système neurovégétatif. **Uranus et Saturne sont vos planètes maîtresses : suivez leurs mouvements avec attention.**

> VOTRE ÂME SŒUR

Selon votre signe et votre ascendant-descendant. Le descendant est le secteur opposé à l'ascendant et représente le monde des autres, les rencontres, les unions et associations... Vous avez l'art de souffler le chaud et le froid dans vos relations amoureuses : vous vous emballez rapidement, adorez l'élu de votre cœur, mais pouvez vous désengager tout aussi vite. Aussi avez-vous du mal, dans la première partie de votre vie, à vous stabiliser. Idéaliste, vous êtes souvent dans l'erreur et ne voyez pas l'autre tel qu'il est. Vous avez également tendance à faire passer l'amitié avant le couple, votre « bande » risquant alors de prendre trop de place. On vous reprochera aussi de ne pas assez montrer vos sentiments, de ne pas être très « câlin ». Avec votre descendant en Lion, vous avez besoin de partenaires à admirer et à mettre sur un piédestal. Leur classe ou leur réussite doivent vous éblouir et leur intelligence vous impressionner. Les Lion, les ascendant Lion et toute personne ayant la Lune ou Vénus dans ce signe sont particulièrement indiqués : ils débordent d'élégance et de prestance. De même que les Bélier ou ascendant Bélier, qui vous impressionneront par leur courage et leur détermination. Les membres de votre signe ou les ascendant Sagittaire seront également de formidables partenaires, ainsi que les Balance ou ascendant Balance. Avec les Gémeaux ou ascendant Gémeaux, vous vous amuserez énormément, ce qui est important pour vous qui avez le sens de la fête.

ASCENDANT POISSONS

Vous êtes comme une éponge et absorbez tout ce qui vient de votre environnement. Vous êtes donc hypersensible, intuitif, émotif et savez vous mettre à la place des autres. Votre générosité et votre dévouement vont souvent jusqu'au sacrifice de vos propres intérêts, car vous avez du mal à dire non quand on a besoin de vous… Dans certaines situations, vous pratiquez la politique de l'autruche ou cherchez à vous esquiver, alors que vous savez très bien que cela pourrait se retourner contre vous. Ce n'est pas un manque de courage, loin de là, mais votre manière à vous de vous défendre contre ce qui vous ennuie. Dans vos relations, vous avez tendance à la fusion, au mélange, à l'indifférenciation et, pour trouver votre propre identité, vous devez apprendre à faire la part des choses, à être plus critique. Même si le Sagittaire est un signe très communicatif, ce n'est pas toujours le cas des Poissons ; aussi avez-vous parfois des difficultés à exprimer ce que vous ressentez et on vous reproche de ne pas être très « net ». En effet, au lieu de dire les choses, vous vous arrangez pour les faire comprendre ou ressentir aux autres. Avec le risque qu'ils se trompent et vous « décodent » de travers. Par ailleurs, vous avez une bonne dose d'ambition, mais vous avez tendance à vous disperser, à vouloir tout en même temps et à ne pas mettre d'ordre dans vos priorités. Vous auriez intérêt à ne pas vous laisser porter par le courant et à adopter un plan de carrière. Surveillez également vos relations avec l'autorité, car plus que les autres Sagittaire, vous avez besoin d'avoir raison envers et contre tous.

• **Vos atouts :** les chocs et les traumatismes glissent sur vous, ou en tout cas c'est l'impression que vous donnez. Vous développez une efficacité et un sens politique que beaucoup vous envient. L'humour est également une arme redoutable, que vous retournez souvent contre vous-même !

• **Vos difficultés :** vous vous dissimulez parfois la vérité et bâtissez des romans dans votre tête. Vous n'avez pas de limites et n'acceptez

que très difficilement les règles et les conventions. Et vous êtes très gourmand : attention aux kilos en trop.
• **Vos fragilités :** la circulation principalement, ainsi que le transit intestinal, trop rapide ou trop lent.
Neptune et Jupiter sont vos planètes maîtresses, étudiez leurs mouvements avec une attention particulière.

> VOTRE ÂME SŒUR

Selon votre signe et votre ascendant-descendant. Le descendant est le secteur opposé à l'ascendant et représente le monde des autres, les rencontres, les unions et associations... Votre personnalité aux multiples facettes s'adapte aussi bien aux personnes qu'aux situations que vous rencontrez. C'est bien sûr une qualité, mais pour vos partenaires ça ne l'est pas toujours ! En effet, ils croient avoir affaire à quelqu'un et découvrent rapidement que vous n'êtes jamais le même ! Les difficultés peuvent être nombreuses avant que vous ne rencontriez celui ou celle qui vous accepte tel que vous êtes. Votre descendant occupe le signe de la Vierge, opposé mais complémentaire de votre ascendant Poissons. La relation de couple doit donc, d'une certaine manière, être un « contenant » ; elle doit vous poser des limites, vous servir de référence temporelle ou spatiale dans la vie quotidienne. Sans brider votre créativité et votre imagination. Les Vierge, les ascendant Vierge et toute personne ayant la Lune ou Vénus dans ce signe possèdent ces qualités et vous formerez un bon couple avec eux. Mais les Taureau ou ascendant Taureau auront également beaucoup à vous donner, et surtout ils auront davantage les pieds sur terre que vous ! La sensualité et le sens de la famille du Cancer ou ascendant Cancer vous attireront, tandis que les Scorpion ou ascendant Scorpion exerceront sur vous un ascendant à base de sensualité. N'oubliez pas les Capricorne ou ascendant Capricorne qui vous apporteront la solidité dont votre ascendant a besoin.

Vos affinités avec les autres signes

SAGITTAIRE AVEC BÉLIER

Aussi aventureux l'un que l'autre, vous aurez de nombreux centres d'intérêt en commun, et en particulier la volonté d'aller de l'avant, de ne pas vous retourner sur le passé. Entreprenants, constructifs, passionnés et idéalistes, vous avez tout pour faire un bon couple. Deux problèmes peuvent se poser ; d'abord, l'autorité de chacun à faire accepter par l'autre, ensuite, la fidélité. Que ce soit clair entre vous dès le départ !

• **Si vous voulez que ça dure :** respectez la liberté et le territoire de chacun, et n'essayez pas d'avoir le dernier mot avec votre Bélier. Vous êtes tous les deux d'une extrême mauvaise foi et vous vous bagarrerez, le plus souvent, simplement pour avoir le dessus sur l'autre.

SAGITTAIRE AVEC TAUREAU

De deux choses l'une : ou vous adorerez son calme, sa placidité et son sens pratique parce que c'est tout ce qui vous manque et que vous avez besoin de quelqu'un de serein près de vous pour vous apaiser... Ou vous aurez du mal, assez rapidement, à accepter sa routine monotone, ses habitudes et sa lenteur à réagir. Mais, mais, mais. Il vous attirera toujours fortement sur le plan sensuel, cet aspect de la relation n'étant pas secondaire pour vous !

• **Si vous voulez que ça dure :** ne jouez pas avec sa peur d'être trompé ou de vous perdre. Le taureau s'attache en profondeur et l'amour de l'autre lui devient aussi indispensable que l'air qu'il respire. De plus, il a un instinct très fort pour deviner les omissions et les petits mensonges...

SAGITTAIRE AVEC GÉMEAUX

C'est votre signe complémentaire, le seul peut-être à comprendre votre besoin d'espace et de mouvement. Il est lui-même aussi « agité » et a autant besoin que vous de diversité, d'un quotidien qui bouge ! Néanmoins, vous avez tous deux une peur panique de vous engager, et cela risque de faire de votre couple une « association de malfaiteurs » qui ne songera qu'à s'amuser et à profiter de la vie. Sans penser au lendemain.

• **Si vous voulez que ça dure :** ce n'est pas gagné d'avance, mais vous pouvez y arriver si vous avez déjà une certaine maturité, et si vous avez « roulé votre bosse ». Vous apprécierez alors d'avoir quelqu'un d'aussi jeune et d'aussi curieux à vos côtés, qui jouera un rôle toujours très stimulant.

SAGITTAIRE AVEC CANCER

Vous serez très attiré par ce signe sensible et très émotif, mais qui cache une persévérance et un sens des affaires qu'on peut lui envier. Sa sensualité vous « parlera » et le désir sera toujours présent. À tel point que vous aurez envie de lui sacrifier un peu de votre liberté ! Le seul problème, c'est que le Cancer est un inquiet qui peut être envahissant ; il n'est pas sûr que vous le supporterez toute votre vie.

• **Si vous voulez que ça dure :** ayez une passion en commun – les bons vins, la gastronomie (vos deux signes font d'excellents « chefs »), les voyages... Ces centres d'intérêt vous rapprocheront toujours, même s'il y a des bisbilles dans l'air. Le sport sera également une activité que vous pourrez partager.

SAGITTAIRE AVEC LION

Vos deux signes de Feu ont tout pour s'entendre : un idéal commun, une vision positive de la vie et des tempéraments qui se ressemblent. Aussi honnête et loyal l'un que l'autre, vous admirerez ses qualités, sa prestance, sa réussite, et le Lion saura vous adorer. La question du pouvoir se posera à un moment ou à un autre, car vous êtes deux signes autoritaires ! Mais ce sera un des rares problèmes que vous rencontrerez.

• **Si vous voulez que ça dure :** rien ne blesse plus un Lion qu'une critique ou un désaveu en public... Ne lui faites jamais cette injure ! Sachez le flatter fréquemment, il a terriblement besoin de compliments. Et souriez de sa tendance à tout dramatiser, cette disposition est inhérente à sa personnalité.

SAGITTAIRE AVEC VIERGE

Apparemment, vous n'avez pas grand-chose en commun, la Vierge ayant souvent un horizon limité et une mauvaise image d'elle-même. Alors que vous, vous regardez loin devant vous, en toute confiance. Cela dit, vous pouvez lui apporter ce qui lui manque : l'assurance, et il peut mettre des limites à vos excès. Mais encore faut-il que vous acceptiez que quelqu'un joue un peu les moralisateurs, ce qui n'est pas gagné !

• **Si vous voulez que ça dure :** la Vierge a besoin de sécurité, de ne pas s'inquiéter à propos de la personne aimée. Si vous partez, ne la laissez pas trop longtemps sans nouvelles. Respectez également son souci de l'ordre, même si vous trouvez que cela ne sert à rien.

SAGITTAIRE AVEC BALANCE

Vous formerez certainement un très joli couple ! La Balance est toute dévouée à son amour et peut se mettre en quatre pour le valoriser et l'aider à réussir. Elle sait créer des réseaux relationnels, ce dont vous avez précisément besoin pour progresser dans votre job. Elle vous comprendra au quart de tour, et vous lui apporterez la vie amusante dont elle a besoin. Une excellente association donc, qui peut durer !

• **Si vous voulez que ça dure :** ne lui reprochez pas ses retards, ni ses hésitations. Au contraire, aidez-le à faire ses choix, il vous aime précisément parce que vous savez toujours ce que vous désirez ! Ne négligez pas les câlins et autres marques d'affection dont il/elle a besoin.

SAGITTAIRE AVEC SCORPION

Pas de doute, son côté sulfureux et mystérieux exercera sur vous un puissant attrait. En fait, il est votre part d'ombre et détient, à ce titre, un certain pouvoir sur vous, mais vous ne savez pas lequel ! Il semble posséder le secret de la sexualité et du pouvoir et c'est peut-être précisément ce qui vous intrigue. Mais vous n'aurez pas grand-chose d'autre en commun, sa nature pessimiste vous hérissant rapidement.

• **Si vous voulez que ça dure :** ne perdez pas de vue qu'il est entier et à fleur de peau. Vous, vous êtes un « dur à cuire ». Mais n'oubliez pas non plus qu'il sait se défendre et que ses « piques » peuvent faire très mal. Alors, ménagez sa sensibilité et surtout sa jalousie !

SAGITTAIRE AVEC SAGITTAIRE

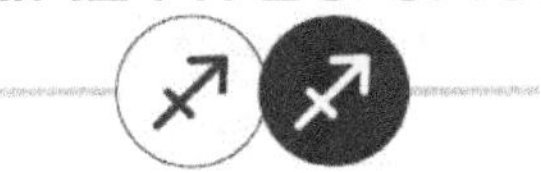

Vous vous entendrez probablement comme larrons en foire, deux complices parfaitement à l'aise dans leur couple et dans leur milieu. Mais serez-vous souvent tous les deux ? L'idéal serait que vous travailliez ensemble ou que vous fassiez cause commune en politique, en religion, ou ailleurs. Autrement, pris par vos nombreuses activités, vous passerez très peu de temps l'un avec l'autre... Mais c'est peut-être le secret de votre longévité ?

• **Si vous voulez que ça dure** : vous savez certainement quoi faire pour ne pas lui donner l'impression qu'il est en cage, ou qu'il a des comptes à vous rendre. Ne cherchez pas non plus à avoir le pouvoir, il va falloir que vous le partagiez si vous voulez que votre couple marche.

SAGITTAIRE AVEC CAPRICORNE

Si vous avez atteint une certaine maturité et que vous avez beaucoup « bourlingué », l'union avec le solide et sérieux Capricorne peut être un havre de paix pour vous ! Mais si vous êtes encore jeune, ce signe de terre, ambitieux et concentré sur ses buts, vous paraîtra un peu rabat-joie. La fête, les soirées bien arrosées, très peu pour lui ! Vous aurez du mal à l'attirer dans votre monde, et le sien ne vous paraîtra pas enviable.

• **Si vous voulez que ça dure** : il faut modérer votre nature volage et vous organiser pour ne pas lui donner l'impression que vous pouvez vous envoler à tous moments. La peur du rejet et de l'abandon est en effet très présente chez le Capricorne, et comme vous êtes du genre à aimer bouger...

SAGITTAIRE AVEC VERSEAU

L'entente pourrait être quasi parfaite, car vous êtes deux idéalistes qui adorent refaire le monde et arrivent à s'en créer un à eux. Les idées géniales du Verseau vous épateront tandis qu'il admirera votre facilité à jouer avec et à les mettre en forme. Cependant, la tendresse ne régnera pas forcément, car vous êtes deux cérébraux qui ne se sentent pas très à l'aise au royaume des émotions et des sentiments !

• **Si vous voulez que ça dure** : respectez son indépendance ! Cela ne devrait pas vous être trop difficile. Ne lui imposez pas de contraintes et ne lui faites pas trop la morale, cela le ferait fuir. Et remisez votre mauvaise foi au vestiaire car il ne la supportera pas, en tout cas pas pendant des années !

SAGITTAIRE AVEC POISSONS

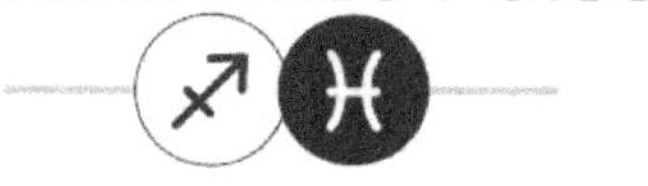

Il y a quelque chose en lui qui vous rappelle l'un de vos parents, ce qui peut vous faire fuir ou au contraire vous attacher en profondeur. Mais vous aurez tout de même beaucoup de mal à comprendre ce signe qui n'est pas comme les autres et qui sait, mieux que personne, se fondre dans le désir de son partenaire. Il vous paraîtra excessif, mais vous l'êtes également et vous ne vous en rendez pas toujours compte. En fait, il sera un miroir pour vous...

• **Si vous voulez que ça dure** : le Poissons, il ne faut pas chercher à le comprendre, il faut l'accepter tel qu'il est. Peu à peu, vous le verrez évoluer et devenir celui ou celle qui correspond à votre idéal. Ne lui demandez pas non plus de bien gérer ses émotions, elles sont envahissantes !

Quel amoureux êtes-vous ?

Seule la position de Vénus dans votre thème peut vous renseigner sur votre manière d'être amoureux et sur ce que vous attendez d'un(e) partenaire. Sa distance au soleil est réduite, ce qui signifie qu'elle ne peut se trouver que dans cinq signes : le vôtre, les deux qui le précèdent et les deux qui le suivent. Vous êtes Sagittaire, Vénus ne peut donc occuper que votre propre signe, ainsi que le Capricorne, le Verseau, le scorpion et la Balance.

Votre besoin de liberté et d'espace étant intense, vous n'aimez pas vous engager trop tôt dans des liens de dépendance, que vous vivrez comme des chaînes pesantes. Tant que vous aurez le champ libre, ou que vous tomberez sur un partenaire qui respectera votre territoire, vous vous épanouirez... Mais le quotidien et ses habitudes sclérosantes (selon vous), la jalousie et les soupçons seront les pires tue-l'amour qui puissent exister pour un Sagittaire. Bon vivant et appréciant tous les plaisirs de l'existence, vous donnez une bonne place à votre sexualité, que vous vivez comme quelque chose de sain et de naturel. En mûrissant, vous intégrez d'autres valeurs, plus spirituelles, et l'intelligence de votre partenaire, son humour et sa curiosité seront des critères de plus en plus importants.

SI VOUS AVEZ VÉNUS EN SAGITTAIRE

La notion de conquête, de duel amoureux est très présente dans cette combinaison, qui accentue bien entendu les caractéristiques du signe : indépendance, nonchalance, assurance. Vous exprimez vos émotions et vos sentiments avec enthousiasme et sincérité, mais il s'agit souvent d'une sincérité du moment ! Bien que vous ayez envie de fonder une famille (sur le modèle parental souvent, même si vous pensez le contraire), vous avez besoin de... variété, et êtes surtout assoiffé de connaissances. Une vie mondaine peut même vous plaire. Chaque personne rencontrée représente un univers que vous vous plaisez à découvrir. La durée de votre relation dépend du temps qu'il vous faut pour faire le tour de l'univers en question !

SI VOUS AVEZ VÉNUS EN CAPRICORNE

L'élan, l'enthousiasme et l'idéalisme du Sagittaire sont toujours présents, mais tenus en laisse par la Vénus capricorne. Elle vous invite à prendre vos attachements beaucoup plus au sérieux que le Sagittaire classique, dans la mesure où ils seront plus profonds et durables. En effet, le capricorne est un signe de terre, qui représente le temps, la durée, la persévérance. Toutefois, c'est le domicile de saturne, qui ne ressent qu'une seule émotion, la peur ; aussi aurez-vous souvent la crainte d'être rejeté, abandonné, mal aimé, et cela vous incitera à la plus grande prudence au moment de vous engager. Seul le temps vous permettra de savoir si votre partenaire est assez solide et fiable. À la recherche de la stabilité, vous devrez lutter contre votre nature Sagittaire...

SI VOUS AVEZ VÉNUS EN VERSEAU

Cette place de Vénus dans le zodiaque accentue le besoin de liberté propre au Sagittaire, tout en vous donnant l'envie d'aller toujours plus loin et d'en découvrir plus sur l'amour. Pour aimer en restant en accord avec votre nature, vous aurez besoin de transgresser les tabous, les lois familiales, de faire des expériences multiples et chaque fois différentes. Vous serez attiré par les situations ambiguës et les sentiments intenses. Mais, encore une fois, vous ne vous engagerez pas vraiment, par crainte d'aliéner votre liberté. Vous apprécierez davantage tout ce qui ressemblera à de l'amitié, la complicité et les affinités partagées étant aussi importantes pour vous que le sexe. C'est en tout cas ce type de relation qui vous donnera envie de construire quelque chose.

SI VOUS AVEZ VÉNUS EN BALANCE

Cette jolie association n'est pas sans rappeler les caractéristiques de la Vénus Verseau, le besoin de tendresse en plus ! Elle apporte une note de romantisme au Sagittaire que vous êtes et vous donne davantage la possibilité d'exprimer vos sentiments ; votre signe de naissance n'est en effet pas très doué en la matière, même s'il est « chaud » de nature. Extrêmement séducteur et très à l'aise dans n'importe quel milieu, vous êtes un pôle d'attraction autour duquel s'agglutinent tous ceux et toutes celles que séduit le mélange d'indépendance, de souplesse et d'aisance qui se dégage de vous. Vous vous laissez toujours plusieurs options, la solitude vous effrayant autant que le fait de vous engager définitivement. Cependant, le besoin de partager peut être plus fort que tout !

SI VOUS AVEZ VÉNUS EN SCORPION

Cette configuration va dans le sens de la part instinctive et animale de votre personnalité. Toujours très séducteur, il arrive que vous soyez victime de vos désirs, de vos besoins amoureux : ils vous mènent souvent par le bout du nez et il vous faut beaucoup de volonté pour maîtriser les situations compliquées dans lesquelles vous ne détestez pas vous plonger. Le tempérament passionné et les tendances masochistes du scorpion entrent cependant en conflit avec votre nature Sagittaire, plus simple et plus directe. Néanmoins, si vous arrivez à créer un équilibre tout en restant fidèle à vous-même, votre séduction peut faire véritablement des ravages ! Amoureux, vous devrez lutter contre vos tendances jalouses et la peur inconsidérée d'être trahi, des menaces sérieuses pour l'équilibre de votre couple. Annexe Comment calculer votre ascendant ?

Comment calculer votre ascendant ?

Pour calculer votre ascendant, votre décan et savoir où se trouvent les planètes de votre thème:

allez sur twelv.love

Retrouvez Christine Haas

https://www.instagram.com/chrishaasoff

https://www.twitter.com/chrishaasoff

https://www.youtube.com/c/ChristineHaasOff

https://www.facebook.com/Celastro-107986160587123